JOHN MAIN · DER PFAD DER MEDITATION

W0245085

JOHN MAIN

Der Pfad der Meditation

OTTO MÜLLER VERLAG SALZBURG

Aus dem Englischen übersetzt von
Gertrud Leydhecker und Otto Neumaier

ISBN 3-7013-0695-8

Titel der englischen Originalausgabe:
Moment of Christ – The Path of Meditation
erschienen bei Darton, Longman & Todd, London
Umschlaggestaltung: Fritz Grasedieck, Adnet
Titelbild: Thomas Weiger, Salzburg
Gesamtherstellung: Druckhaus Nonntal, Salzburg

Inhalt

Einleitung

Vielleicht habe ich Pater Johns Vorwort zu diesem Buch deshalb mehrmals gelesen, weil es das letzte war, was er nur wenige Wochen vor seinem Tod geschrieben hat. Obwohl wir nicht genau wußten, wie nah er dem Tod war, habe ich den Eindruck, er wußte, daß dies seine letzte schriftliche Botschaft sein würde. Und so faßte er in ein paar hundert Worten seine Gebetserfahrung und seinen Eifer für die Führung von anderen zusammen. Beide strahlen für mich den Geist tiefer Klarheit und Weisheit aus.

Während meiner Lehrjahre bei ihm habe ich sowohl seine persönliche Klarheit als auch die Klarheit seiner Lehre verstehen gelernt.

Wenn er zu den Gruppen sprach, die zu uns in die Klöster in London und Montreal zum Meditieren kamen, Gruppen, die typenmäßig breit gefächert waren, dann hielt die Autorität seiner Klarheit und seine beachtliche Begabung für Sprache, Anekdote und Humor die Gruppe in tiefer Aufmerksamkeit und bereitete sie absichtlich nicht auf Spekulationen, sondern auf die Stille vor.

Während der letzten Jahre haben wir die Vorträge bei jeder Sitzung auf Band aufgenommen und sie dann als Kassetten in unserer »Communitas«-Serie veröffentlicht. Sie werden weiter veröffentlicht werden und einzelnen Menschen und Gruppen in der ganzen Welt in den nächsten Jahren Anregung und Förderung bringen. Es ist also wichtig, den Kontext, in welchem diese geschriebenen Worte gesprochen wurden, zu verstehen. Die Gruppen trafen sich (und tun es auch heute noch) abends um 8 Uhr. Einer der Gemeinschaft empfängt die Neuen für die Montagabend-Einführungsgruppe und bringt sie unten in den Meditations- und Vorlesungsraum, wo die Leute sich versammeln und Musik gespielt wird. Einige Minuten vor 8 Uhr kommt Pater John und setzt sich auf einen Stuhl in der Nähe der Stereoanlage. Ihm gegenüber sind zwischen

40 und 100 Menschen. Manche sitzen auf Kissen auf dem Boden, andere auf Stühlen, die an der Wand stehen. Die Leute haben die verschiedensten Lebenswege, sie sind unterschiedlichen Alters und kommen aus verschiedenen sozialen Schichten. Die Uhr läutet oben. Kurz darauf steht Pater John auf und stellt den Plattenspieler ab. Er setzt sich wieder. Manchmal muß er daran erinnert werden, das kleine Mikrophon vorn an seinem Rock zu befestigen. Leise räuspert er sich und fängt dann an zu sprechen. Jedesmal gibt es ein Zitat aus dem Neuen Testament, manchmal am Beginn, manchmal zum Ende des Vortrages. Dann spielt er wieder etwas ruhige Musik, oft Bach, oder auch nur einen Gesang; nach kurzer Zeit beendet er dies (»so daß wir alle Worte, die ich gesprochen habe, hinter uns lassen können und in die Stille des einen Worts eingehen können«) und nimmt seinen Sitz für eine halbe Stunde Meditation ein. Danach spielt er wieder Musik und fordert zum Fragen auf. Manchmal gibt es viele Fragen, manchmal kommen auch keine. In jedem Fall lächelt er, sagt ein Wort zum Abschied und verläßt den Raum. Meistens wird er in der Halle abgefangen und von Leuten etwas gefragt.

Die Atmosphäre, die diese Gruppen beherrscht, ist außergewöhnlich. Sie ist still, gefaßt und tief ernst, obwohl ziemlich viele Menschen direkt von der Arbeit kommen. Aber es gibt keine Feierlichkeit, keine Sensationen, kein Ritual. Grund dafür ist die Schlichtheit dessen, was gelehrt wird.

Es ist wichtig, daß man versteht, was diese Gespräche erreichen sollten und was Pater John sich erhoffte, daß sie, auch gedruckt, noch bewirken könnten. Ihre Absicht ist, die Menschen von der Wichtigkeit und Einfachheit der christlichen Meditationstradition und -praxis zu überzeugen. Sie sind daher keine theologischen oder philosophischen Stellungnahmen. Diese Art Darstellung der Lehre kann man in seinen anderen Büchern, z. B. in »Word into Silence« (Wort in die Stille) und in »Letters from the Heart« (Briefe aus dem Herzen) finden. Die Gespräche sind nicht dazu bestimmt, eine Diskussion anzuregen, sondern sie wollen den Wunsch nach Ruhe und persönlicher Disziplin beleben.

Wie jeder bezeugen kann, der die Vorträge persönlich gehört hat, haben diese eine Kraft und einen außerordentlichen

Geist vermittelt. Wenn man in diesem Raum war, wo die Vorträge gehalten wurden, dann wußte man, daß man in der Gegenwart eines Mannes war, der den Geist des Gegenwärtigseins erkannt hat, der tief von ihm erfüllt war, voll Freude und voll Humor, und der all dies selbst verkörperte.

Natürlich teilen die Gespräche Ideen mit, aber darüber hinaus viel mehr als Ideen. Versuche, dies zu beschreiben, sind natürlich nicht sehr nützlich. Es hat mich immer angerührt zu erleben, wieviel von diesem Geist er übermittelte und wie er die Menschen frei machte, nicht nur dazu, still zu sein, sondern auch, danach zu lachen. Es ist wichtig, etwas von dieser besonderen Gegenwart zu wissen, wenn die Vorträge in dem Geist gelesen werden sollen, in dem sie einmal gehört wurden.

Die meisten von ihnen hat Pater John herausgegeben, die anderen habe ich übernommen. Wir haben die besondere Stimmung eines Gesprächs und auch die ziemlich häufigen Wiederholungen beibehalten. Ich würde Ihnen raten, die Sätze, in denen Sie eine Wiederholung sehen, nicht zu überlesen. Eher würde ich empfehlen, sie zweimal zu lesen. Sie sagen dasselbe, aber wenn man ihnen nachlauscht, wird man es jedes Mal anders und vertiefter hören. Der Grundlehre habe ich viele hundert Male, vielleicht tausendmal, zugehört. Es kam mir nie eintönig vor, weil es jedes Mal glänzend in eine neuen Kontext gebracht worden war, in eine neue Facette des »facettenreichen Diamanten Gottes«.

Eine Frau erzählte mir einmal ihre Erfahrung, wie sie nach einem Jahr im Norden Kanadas zurück zur Gruppe kam. Sie hatte in diesem Jahr getreulich weiter meditiert, allein und unter Schwierigkeiten. Als sie nach Montreal zurückkehrte, bemerkte sie auf einmal sehr überrascht, wieviel Angst sie hatte, wieder zu der Gruppe zu kommen. Was wird, dachte sie, wenn ich im letzten Jahr diese Meditation geübt habe, jetzt aber den Vortrag höre und eine neue Lehre finde, und die alte wurde aufgegeben? Trotz allem, sie kam und fühlte sich nicht verraten. Sie konnte ihre Freude nicht beschreiben, als sie dieselbe Lehre wiederholt hörte, der sie sich verschrieben hatte. Und doch, so sagte sie, klang diese ganz neu, und es war ihr, als hörte sie sie zum ersten Mal.

Ein Lehrer, ein wirklicher Meister des geistigen Weges wie

Pater John (er hätte gelacht bei solch einem feierlichen Titel), lehrt, indem er die Aufmerksamkeit der ganzen Person gewinnt, und nicht nur, indem er sich an die Vernunft mit Ideen wendet oder an die Gefühle mit Emotionen. So belehrt zu werden, ist an sich schon eine Erfahrung der geistigen Wirklichkeit, obwohl es wie bei all diesen Erfahrungen sehr wenig begeisternd klingen kann, wenn wir sie beschreiben sollen. Ich habe jedoch den Eindruck, daß die Gespräche in Buchform den Leser in dieselbe oder in eine ähnliche Erfahrung führen können, nämlich in der Gegenwart eines großen Lehrers zu sein, der mit der Weisheit erfüllt war, die die Liebe gibt. Voraussetzung allerdings ist, daß der Leser – wie ich hoffe – nicht nur bereit ist zu lesen, sondern auch zu hören.

Benediktiner Abtei,   LAURENCE FREEMAN, OSB
Montreal

Vorwort

Wenn wir diese »Communitas«-Gespräche veröffentlichen, so tun wir dies in der Absicht, die Lehre, die wir den Gruppen, die Montag und Donnerstag abend zu uns ins Kloster kommen, der Allgemeinheit zugänglich zu machen.

Der wesentliche Gehalt eines jeden Vortrages ist sehr einfach. Er soll denen eine Ermutigung sein, die den Meditationsweg gehen. Er soll ihnen helfen, auf diesem Weg mit größerem Eifer fortzufahren.

Es wird klar werden, daß die Meditation jeden Teil unseres Lebens und Sterbens berührt. Wir haben daher versucht, einen weiten Querschnitt unserer Vorträge zu geben.

Der Nutzen einer Veröffentlichung der Gespräche liegt darin, daß das Buch als Quelle geistigen Lesens dienen kann, indem es dem Leser gestattet, sich jedem beliebigen Gespräch zuzuwenden, entsprechend dem Thema. Der Text ist nicht fortlaufend erzählend. Man kann an beliebiger Stelle anfangen.

Vielleicht ist es nützlich, ein allgemein einführendes Wort über unsere Art der Meditation zu sagen.

Es ist unsere Überzeugung, daß es die bedeutendste Botschaft des Neuen Testaments ist, daß es wirklich nur ein Gebet gibt und daß dieses Gebet das Jesusgebet ist. Es ist das Gebet, das in unserem Herzen weiterklingt, Tag und Nacht. Ich kann es nur beschreiben als den Strom der Liebe, der dauernd zwischen Jesus und seinem Vater fließt. Dieser Strom der Liebe ist der Heilige Geist.

Ferner ist es unsere Überzeugung, daß es die wichtigste Aufgabe jedes erfüllten menschlichen Lebens ist, für diesen Strom der Liebe so offen wie möglich zu werden. Wir müssen diesem Gebet gestatten, unser Gebet zu werden. Wir müssen zu der Erfahrung kommen, daß wir aus uns selbst gehoben werden – jenseits von uns selbst in dieses wundervolle Jesusgebet, in diesen kosmischen Strom der Liebe.

Dafür müssen wir eine Methode lernen, die ein Weg der Stille ist, der Ruhe – und dies mit einer Disziplin, die sehr viel verlangt. Es ist, als ob wir einen Raum in uns schaffen müßten, der dieses höhere Bewußtsein – das Bewußtsein des Jesusgebetes – ermöglicht, um uns in dies mächtige Mysterium einzuhüllen.

Wir haben uns daran gewöhnt, das Gebet immer gleich als »mein Gebet« oder als »meinen Lobpreis« vorzustellen. Es erfordert daher ein völliges Umdenken in unserer Einstellung zum Gebet, wenn wir dazu kommen sollen, es als einen Weg durch Jesus, mit Jesus und in Jesus zu sehen.

Das erste, was verlangt wird, ist, daß wir anfangen zu verstehen, über unseren Egoismus hinauszugehen, so daß »mein« Gebet nicht einmal mehr als eine Möglichkeit besteht. Wir sind aufgefordert, mit den Augen Jesu zu sehen und mit dem Herzen Jesu zu lieben, und um dieser Aufforderung zu entsprechen, müssen wir über unsere Ichbezogenheit hinausgehen. Praktisch bedeutet das: Wir müssen lernen, so ruhig und still zu werden, daß wir aufhören, über uns selbst nachzudenken. Das ist von entscheidender Bedeutung. Wir müssen für den Vater offen werden durch Jesus. Wenn wir im Gebet sind, müssen wir wie das Auge werden, das sehen kann, aber sich selbst nicht sieht.

Die Methode, die wir auf diesem Pilgerweg zu einem anderen Beziehungsmittelpunkt üben, ist ein kurzer Satz, den wir hersagen, ein Wort, das allgemein heute Mantra genannt wird. Das Mantra ist einfach ein Mittel, unsere Aufmerksamkeit über uns selbst hinauszulenken, eine Methode, uns loszulösen von unseren eigenen Gedanken und Sorgen.

Wenn wir das Mantra hersagen, bringt uns das Ruhe und Frieden. Wir sagen es so lange her, wie wir brauchen, um in dem einen Gebet Jesu ergriffen zu sein. Die allgemeine Regel ist, daß wir erst lernen müssen, es während der ganzen Zeit unserer Meditation zu sagen, jeden Abend und jeden Morgen, und daß wir es dann seine beruhigende Wirkung über Jahre hinaus ausüben lassen.

Der Tag wird kommen, an dem das Mantra aufhört zu klingen und wir verloren sind in der ewigen Stille Gottes. Wenn dies eintritt, dann darf man nicht versuchen, die Stille zu besitzen, sie für die eigene Befriedigung zu benutzen. Die eindeutige Regel ist, daß wir sacht und ruhig zu unserem Mantra zurückkehren müssen, sobald wir bewußt wahrnehmen, daß wir in diesem Zustand tiefer Stille sind und anfangen, darüber nachzudenken.

Nach und nach wird die Stille länger, und wir sind ganz eingetaucht in das Geheimnis Gottes. Wichtig ist, daß wir den Mut haben, zum Mantra zurückzukehren, sobald wir uns der Stille bewußt werden.

Auch soll man nicht versuchen, irgendeine Erfahrung zu finden oder vorauszunehmen. Ich hoffe schließlich, beim Lesen der Vorträge wird klar, daß jeder von uns zu diesen Höhen des Jesus-Gebetes aufgerufen ist – jeder von uns zur Fülle des Lebens. Was wir brauchen, ist jedoch die Demut, den Weg getreulich über eine Reihe von Jahren zu gehen, so daß das Jesus-Gebet wirklich die Grunderfahrung unseres Lebens werden kann.

Montreal,   JOHN MAIN, OSB
Oktober 1982

Der Mantra-Weg

Der wichtigste Teil unseres Zusammenseins in der Gruppe ist die Zeit der gemeinsamen Stille. Stille ist die beste Vorbereitung für die Meditation. Wenn du anfängst zu meditieren, dann nimm dir ein bißchen Zeit, bis du eine bequeme Haltung gefunden hast. Wenn du auf einem Stuhl sitzt, sitze auf einem geraden. Wenn du auf dem Boden sitzt, sitze in einer bequemen Haltung. Dann versuche, so still zu sein wie du kannst während der ganzen Zeit der Meditation. Dies ist nicht ganz so einfach für die meisten von uns, wenn sie anfangen, aber Meditation bringt Stille im Geist und im Körper mit sich. Es gibt dir eine Bewußtheit deiner selbst als Eins und als Ganzes. Nur mußt du lernen, so still zu sitzen wie du kannst. Wenn du sitzt und ruhig bist, schließe die Augen und dann beginn' zu wiederholen, innerlich und lautlos in deinem Herzen, das Wort *Maranatha*. In mancher Tradition nennt man das ein Mantra, im anderen einen Gebetssatz oder auch ein Gebetswort.

Das Wesentliche und die Kunst beim Meditieren ist, einfach dieses Wort zu sagen, es wieder zu sagen, ihm nachzuhören, vom Beginn bis zum Ende der Meditation. Es ist so einfach – sag' es so: Ma-ra-na-tha. Vier gleich betonte Silben. Die meisten sagen das Wort in Verbindung mit ihrem Atem, aber das ist nicht so wesentlich. Wichtig ist, daß man das Wort von Anfang bis Ende sagt, ohne Unterbrechung während der Meditationszeit. Die Geschwindigkeit sollte ziemlich langsam sein, ziemlich rhythmisch – Ma-ra-na-tha. Und das ist alles, was man wissen muß, um zu meditieren. Man hat ein Wort, man sagt dies Wort, und man bleibt ruhig.

Was ist das Ziel unserer Meditation? Wir wollen auf diesem Weg zur Mitte gelangen. In vielen Traditionen spricht man von der Meditation als einer Pilgerfahrt – einer Pilgerfahrt zur eigenen Mitte, zum eigenen Herzen, und dort lernt man, wach zu bleiben, lebendig und in der Stille zu sein. Das Wort »Religion« bedeutet eine Rückbindung, ein Wieder-Verbundensein mit der eigenen Mitte. Wir müssen erfahren, daß es nur eine Mitte gibt und daß es unsere Lebensaufgabe ist, unseren Ursprung und unsere Bedeutung zu erkennen, indem wir diese Mitte entdecken und aus ihr leben. Darin liegt der Wert der Meditation.

Ich glaube, was wir verstehen müssen, ist diese Rückkehr zu unserer Mitte; unsere eigene Mitte entdecken ist oberste Aufgabe und Verantwortung eines jeden Lebens, das ganz menschlich werden soll. Noch einmal, in der Meditation, in ihrer Disziplin wirst du aus eigener Erfahrung entdecken, daß eins zu sein mit der eigenen Mitte bedeutet, eins zu sein mit eines jeden Mitte.

Der wirklich geistig lebende Mensch ist jemand, der in Harmonie ist, einer, der diese Harmonie in sich selbst gefunden hat und diese Harmonie mit der Schöpfung und mit Gott *lebt*. In der Meditation lernen wir, daß »in der eigenen Mitte sein« »in Gott sein« bedeutet. Dies ist nicht nur die große Lehre aller östlichen Religionen, es ist auch die grundlegende Erkenntnis des Christentums. Jesus sagt: »Das himmlische Königreich ist in euch.« Und das Königreich in Jesu Lehre ist eine Erfahrung der Kraft Gottes. Es ist eine Erfahrung der Grundenergie unseres Universums. Und mit Jesus verstehen wir auch, daß diese Grundkraft, die uns einlädt, unser eigenes Leben kraftvoll zu leben, die Liebe ist. Christliche Erfahrung lehrt uns, auf dieser Ebene der Wirklichkeit zu leben. Der heilige Johannes vom Kreuz hat dies ausgedrückt, als er sagte, er wüßte, daß Gott die Mitte seiner Seele sei. Jeder von uns ist aufgefordert, die Gültigkeit dieses Satzes in eigener Erfahrung zu finden. Die Aufforderung bedeutet, in dieser Mitte beides, Energie und Kraft, zu finden und in Ruhe und Stille in dieser Kraft den Frieden zu erfahren, der jenseits allen Verständnisses liegt.

Wir müssen bestimmte Worte benutzen, wenn wir darüber sprechen wollen. Wir benutzen Worte wie »Erleuchtung« oder »Lebenskraft«. Aber das sind Worte, die wir gebrauchen, um zu beschreiben, was man nur *erfahren* kann. Das Wunder einer Gebetserfahrung oder einer tiefen Meditation ist, daß wir in der Erfahrung von Gottes Kraft zur Wirklichkeit erwachen

– einer Wirklichkeit, die überall ist. Wir erkennen, daß wir diese Wirklichkeit nicht von außen erleben können, und dies aus dem sehr einfachen Grund, weil keine Wirklichkeit außerhalb Gottes existiert. Deswegen müssen wir ins Innere treten. Wir müssen die Welt des Scheins verlassen und in die Welt der Wirklichkeit eintreten. Die Energie, die in der Meditation frei wird, ist keine Energie, die von einer äußeren Kraft stammt und empfangen wird. Es ist die eigentliche Lebenskraft, die jeder von uns besitzt und die zur Erfüllung kommt, wenn wir unsere ganze Aufmerksamkeit über uns selbst hinaus auf das *Andere* wenden. Das ist Erfahrung der Transzendenz. Es ist die Ausweitung des Geistes, die jeden von uns ganz mit seinem eigenen Wesen beschenkt.

Wir müssen in der Meditation entdecken, daß wir *sind,* daß wir lebendig sind, daß wir wirklich sind und daß wir in der Wirklichkeit verwurzelt sind. Über Beten sprechen, über Meditation oder über Gott sprechen, all das dient nur einem Zweck, nämlich nicht, uns etwas Neues zu lehren, sondern uns zu enthüllen, was gegenwärtig ist, tatsächlich, was wirklich ist. Wenn wir uns hinsetzen zum Meditieren, um in die Stille zu kommen, dann brauchen wir Einfalt. Wir müssen wie Kinder werden. Wir müssen verstehen, daß der Frieden in uns jenseits allen Verstehens ist. Wir sind aufgefordert, ganz in die Erfahrung einzugehen. Wir können Meditation beschreiben als völliges Annehmen des Geschenks unserer fortwährenden Erschaffung. Vor allem müssen wir uns vor dem verderblichen Einfluß der Worte hüten.

Zum Schluß möchte ich noch einmal wiederholen, was zu Einfalt, Stille, Bewußtheit und Transzendenz führt, so daß wir uns selbst zurücklassen, unsere Gedanken, Vorstellungen und Ideen zurücklassen. Der Weg ist der Weg des Mantra, dieses Wortes. Wenn ihr euch hinsetzt, sitzt in Ruhe und Gelöstheit, sagt euer Wort, sagt von Anfang bis Ende der Meditation »Ma-ra-na-tha«.

Der heilige Paulus hat an die Korinther geschrieben:

Denn Gott, der da sprach: »Aus Finsternis soll Licht aufleuchten«, er ist in unseren Herzen aufgeleuchtet, damit erstrahle die Erkenntnis der Herrlichkeit Gottes, die auf dem Antlitz Christi ist. (2. Kor. 4:6)

Die Kraft dieses Lichts können wir in unserem eigenen Herzen finden, jeder von uns. Wir müssen nur lernen, uns dieser Kraft zu öffnen und unser Leben daraus zu leben. Ich schlage euch vor, daß ihr in euren Lebensplan jeden Morgen und jeden Abend eine Zeit der Stille einbaut, in der ihr ruhig sein könnt, demütig, einfältig, in der ihr *in* Gott sein könnt.

Ablenkungen zurücklassen

Meditieren lernen ist die einfachste Sache der Welt. Nur eines ist nötig: die ernsthafte Absicht, meditieren lernen zu wollen. Es ist ein Weg der völligen Einfältigkeit. Im allgemeinen sind wir voreingenommen für technische Ideen, Methoden, Lehren über Methoden usw., aber beim Meditieren müssen wir den Weg der Einfältigkeit gehen. Ich möchte es euch noch einmal beschreiben.

Ihr braucht einen ruhigen Ort, so ruhig wie möglich, und dann setzt euch hin. Ich empfehle, die Augen leicht zu schließen und dann das Wort zu sagen. Das Wort, das ich vorgeschlagen habe, heißt »Ma-ra-na-tha«. Es ist ein aramäisches Wort, und sein Wert liegt sowohl darin, daß es eines der ältesten christlichen Gebete ist, als auch darin, daß es den richtigen Klang besitzt, uns zur Ruhe und nötigen Stille für die Meditation zu bringen. Das ist alles. Sitzt aufrecht und bleibt aufrecht sitzen. Dann sagt in ausdauernder Ruhe von Geist und Körper das Wort »Ma-ra-na-tha«.

Ich möchte jetzt eine besondere Frage ansprechen, der wir alle begegnen. Es ist das Problem der Ablenkungen. Was soll man tun, wenn man anfängt zu meditieren, und ablenkende Gedanken tauchen im Bewußtsein auf? Die Tradition gibt uns den Rat, die Ablenkung nicht zu beachten; sag' dein Wort und halte dich daran, dein Wort zu sagen. Verschwende keine Zeit, die Stirn zu runzeln und dir zu sagen, »ich will nicht daran denken, was ich morgen zum Essen habe«, oder »wen treffe ich heute«, oder »wo gehe ich morgen hin«, oder was da sonst an Ablenkungen sein mag. Verschwende keine Energie an den Versuch, die Ablenkung zu vertreiben. Achte einfach nicht darauf; und der Weg, die Ablenkung zu ignorieren, ist, dein Wort zu sagen.

Mit anderen Worten: wenn du meditierst, muß deine Energie auf einen einzigen Weg geleitet werden, und das ist dein Wort. Ohne Meditationserfahrung kannst du diesen Ratschlag nicht ganz in seinem Wert erfassen. Wie ich gesagt habe, hat Meditation etwas mit dem Stille-Sein zu tun. Es ist wie ein unbewegtes Wasser. Ablenkungen, die wir erfahren, wenn wir anfangen zu meditieren, sind nur wie kleine Wellen, Strömungen und Strudel, die die Wasseroberfläche stören. Wenn du aber fortfährst zu meditieren, und die Stille kommt über dich, dann werden die Wasser tiefer und klarer in der Ruhe. Die Erfahrung der Meditation, eine Erfahrung, zu der wir alle aufgerufen sind und zu der wir alle fähig sind, ist, diese Tiefe in uns zu erleben. Sie ist wie ein Wasser, wie ein See mit einer unendlichen Tiefe. Das Wunderbare an einem solchen See ist, wenn er ruhig ist, unbewegt, und Sonnenstrahlen ihn treffen. Dann ist jeder Tropfen Wasser bis in seine unendlichen Tiefen wie ein Kristalltropfen lebendig im Sonnenlicht. Genau dazu sind wir in der Meditation aufgerufen: die Tiefe unseres eigenen Geistes zu entdecken und seine Fähigkeit, in völliger Harmonie mit dem Gott zu sein, der uns sagt, daß er das Licht ist. »Ich bin das Licht der Welt.«

Mißversteht dies nicht. Ich habe euch in aller Wahrheit gesagt, Meditation ist die Einfalt selber. Aber ihr müßt ernsthaft sein in eurer Hingabe an diese tiefe Harmonie in eurem eigenen Geist – an die Harmonie, die euch den Geist Gottes in euch selbst enthüllt. Ihr müßt ernsthaft sein.

Betrachten wir das Problem der Ablenkungen noch einmal. Wir finden alle auf unserem Meditationsweg der Demut und Schlichtheit, daß gewisse Dinge in unserem Leben geändert werden müssen. Z. B. möchte ich annehmen, daß es sehr schwierig wird zu meditieren, wenn man 3 oder 4 Stunden am Tag vor dem Fernseher zubringt. Ein großer Feind allen Betens und aller Sammlung ist die Fülle von Bildern in unserem Bewußtsein. Ihr werdet entdecken, und ich bin sicher, ihr habt auch schon die Erfahrung gemacht, daß es verrückt ist, unterschiedslos immer mehr dieser Fülle von Bildern hinzuzufügen.

Hört, was Paulus in einem Brief an die Korinther sagt:

Das aber ist gewiß: Wer spärlich sät, wird auch spärlich ernten, und wer Segensfülle sät, wird auch Segensfülle ernten.

(2. Kor. 9:6)

Es gibt eine wunderbare Ernte für uns alle in unserem eigenen Geist. Aber der Aufruf zum Offen-Sein für den Geist Jesu verlangt wirklich Großzügigkeit von jedem. Zuerst brauchen wir diese Großmut, um die halbe Stunde Meditation jeden Morgen und jeden Abend einzuplanen. Und ich verstehe wohl, daß dies eine großzügige und auch sehr phantasievolle Einstellung verlangt bei allen Aufgaben und Verantwortungen eures eigenen Lebens. Zweitens braucht es während der Zeit der Meditation Großmütigkeit, das Wort Ma-ra-na-tha von Anfang bis Ende zu sagen. So oft wollen wir unseren eigenen Gedanken folgen, unseren eigenen Einsichten und religiösen Gefühlen. Aber wir müssen lernen, alles hinter uns zu lassen und den Geist im eigenen Herzen zu suchen.

Drittens brauchen wir Großmut, unser ganzes Leben mit dem Geist in unserem Herzen in Harmonie zu bringen – acht zu haben, daß wir zu den Ablenkungen nichts hinzufügen. Wir alle haben Ablenkungen, die aus dem eigenen Leben entstehen. Wir alle haben Probleme, die uns angehen, die uns Sorgen bereiten. Dinge, für die wir verantwortlich sind. Was wir tun müssen, ist, unser ganzes Leben in Harmonie zu bringen mit dieser Suche, dieser Pilgerfahrt, die eine Pilgerfahrt zu unserem eigenen Herzen ist. Es ist eine Pilgerfahrt, die uns zur geistigen Frische führt, zu einer Reinheit im Herzen und einer Lebendigkeit des Geistes. Meditation heißt nicht, dem Leben und seinen Verantwortungen den Rücken zu kehren. Ganz im Gegenteil, in der Meditation suchen wir, völlig offen zu sein für das Geschenk des Lebens, das uns gegeben ist. Und das ist nichts Geringeres als die Gabe des ewigen Lebens – des ewigen Lebens, zu dem wir eingeladen sind, *jetzt* offen zu sein. Wir müssen verantwortliche Menschen sein, *empfängliche* Menschen, empfänglich für die Gabe des ewigen Lebens. Wie Christus uns sagt, ewiges Leben bedeutet, unseren himmlischen Vater zu erkennen. In der Meditation wenden wir uns ab von allem, was vergänglich ist, um zu erkennen, was ewig ist.

Jetzt möchte ich euch daran erinnern: Setzt euch hin, wenn ihr meditieren wollt. Sitzt gelöst mit geradem Rückgrat. Schließt die Augen, fangt an, friedlich und ernsthaft in eurem Herzen das Wort zu sagen »Ma-ra-na-tha«. Vergeßt die Zeit.

Wir werden ungefähr 25 Minuten meditieren. Während dieser Zeit sollt ihr *sein*. In Frieden sein, in Ruhe, Ruhe im Körper, Ruhe im Geist, und offen sein für das Leben, für den Herrn des Lebens.

Hört wieder auf Paulus in seinem Brief an die Korinther:

Die Liebe Christi drängt uns, seitdem wir zu folgender Überzeugung kamen: Einer ist für alle gestorben, also sind wir alle gestorben. Und zwar ist er für alle gestorben, damit die Lebenden nicht mehr für sich selbst leben, sondern für den, der für sie gestorben und auferweckt worden ist.

(2. Kor. 5: 14–15)

Der Ruf zur Fülle des Lebens

Eine große Schwierigkeit beim Üben der Meditation ist, daß sie so einfach ist. In unserer Gesellschaft denken die meisten Menschen, daß nur sehr komplexe Dinge wertvoll sind. Beim Meditieren mußt du lernen, einfach zu sein, und das ist für uns alle eine Herausforderung.

Die Einfachheit, die mit dem Erlernen des Meditierens verbunden ist, bedeutet ein Sich-Abwenden. Sie führt uns fort von Vielfältigkeit und Auswahlmöglichkeiten. Und sie führt uns zur Konzentration auf die äußerste Einfachheit des Seins. Denk' daran, wie man Radfahren lernt. Zuerst mußt du lernen, die Balance auf dem Rad zu halten. Und dann mußt du dich darauf konzentrieren, das Gleichgewicht zu halten und einen geraden Weg zu steuern. Das Erstaunliche ist, wenn du all deine Energie aufwendest, um in der Balance zu bleiben und sicher zu fahren, dann entdeckst du auf einmal eine unerwartete Harmonie und eine neue Freiheit. Dasselbe gilt für die Meditation. Wie beim Fahrradfahren mußt du lernen wollen. Du mußt bereit sein, dich zu konzentrieren. Du mußt alle Energien auf die einfache Aufgabe richten, im Gleichgewicht zu bleiben und gleichmäßig in einer Richtung zu fahren.

Wenn du dich *auf den Weg* der Meditation machst, mußt du so einfältig werden, alles andere beiseite zu lassen, damit du wirklich harmonisch und frei sein kannst. Meditation ist Offensein für die Wirklichkeit, die wir nur entdecken und der wir nur in den Tiefen unseres eigenen Wesens begegnen können. Wir müssen also lernen, still zu sein, in tiefer Stille zu sein. Es ist fast unglaublich, daß trotz aller Ablenkungen der modernen Welt diese Stille für jeden von uns vollkommen möglich ist. Um in diese Ruhe zu gelangen, müssen wir Zeit aufwenden, Energie und Liebe. Das erste, was du über die Meditation verstehen mußt, ist, daß du Zeit dafür brauchst. Es ist nötig, jeden Morgen und jeden Abend zu meditieren. Und das für mindestens 20 Minuten. Ich empfehle, es langsam auf etwa 30 Minuten auszudehnen.

Ich möchte euch noch mal wiederholen, was in dieser Zeit getan werden soll. Setzt euch hin, nehmt euch ein paar Augenblicke Zeit, bis ihr bequem sitzt und die ganze Zeit in derselben Position bleiben könnt. Dann schließt die Augen und fangt an, euer Mantra innerlich herzusagen, in Stille, lautlos. Die Kunst des Meditierens ist, daß man lernen muß, das Wort vom Anfang bis zum Ende der Meditation zu wiederholen, »Ma-ra-na-tha«. Ich kann nicht genug betonen, wie wichtig das für euch ist. Was ich euch sage, ist, niemals von dem Pfad, abzugehen, von dem Pfad, auf dem ihr euer Wort sagt, euer Mantra, von Anfang bis zum Schluß eurer Meditationszeit. Ihr sollt es still in eurem Herzen klingen lassen. Der Klang des inneren Wortes eröffnet uns Bewußtseinsebenen, die außerhalb dieser tiefen Stille nicht zu erfahren sind. Ich habe gesagt, daß Meditation ein Lernprozeß ist. Die meisten Lernprozesse, mit denen wir vertraut sind, sind Vorgänge, in welchen wir lernen, etwas zu tun. Aber Meditation bedeutet nicht lernen, etwas zu tun, sondern, wir sollen lernen zu *sein*. Sie bedeutet *du selbst* zu sein, einzugehen in das Geschenk des eigenen Seins. Wir müssen dahin kommen, dies ganz klar und vertrauensvoll zu verstehen. Eine andere Art, es auszudrücken, wäre zu sagen, in der Meditation lernt man, das Geschenk des eigenen Seins, der eigenen Erschaffung anzunehmen. In Harmonie mit deinem eigenen Wesen und deiner fortwährenden Erschaffung zu sein, heißt auch in Harmonie sein mit der ganzen Schöpfung um dich herum, es heißt in Harmonie sein mit dem Schöpfer.

Etwas, das wir in der Meditation lernen müssen, ist der Vorrang des Seins vor dem Tun, vor der Aktion. Tatsächlich hat keine Handlung irgendeine Bedeutung oder eine anhaltende tiefere Bedeutung, wenn sie nicht aus dem Wesentlichen kommt, aus den Tiefen unseres eigenen Seins. Deswegen ist Meditation ein Weg, der uns von der Flachheit in die Tiefe führt, zum tiefsten Grund. Wenn wir lernen zu sein, so heißt das, wir beginnen aus der Fülle des Lebens zu leben, und wenn wir dies tun, dann leben wir aus der ewigen Kraft, die seit unserer eigenen Schöpfung in uns ruht. Wir leben nicht länger so, als ob wir einen begrenzten Lebensvorrat ausschöpften, den wir bei unserer Geburt erhalten haben. Das ist das Geheimnis der christlichen Offenbarung. Durch Jesus wissen wir, daß wir unendlich mit Leben erfüllt werden, wenn wir eins sind mit dem Urgrund unseres Seins, wenn wir in volle Gemeinschaft mit dem Schöpfer eingehen, dem Einen, der ist, der Gott, der sich selbst beschreibt als der »Ich bin«.

Die Kunst, ein Leben als ganze menschliche Wesen zu leben, besteht darin, aus der ewigen Reinheit, der Ursprünglichkeit zu leben, ganz aus der Mitte, d. h. aus dem Geist, wie er aus der Schöpferhand Gottes entspringt. Das Schreckliche an so vielen modernen, materialistischen Lehren ist ihre Flachheit ohne eine ernsthafte Anerkennung der Tiefen und Möglichkeiten, die da sind für jeden von uns, wenn wir uns nur die Zeit nehmen und uns in die Disziplin der Meditation begeben. D. h., wir müssen uns hinsetzen zum Meditieren, unser Wort sagen von Anfang bis Ende der Meditationszeit, jeden Morgen und jeden Abend.

In christlicher Sicht werden wir zum Urgrund unseres Seins durch einen Führer geleitet. Dieser Führer ist Jesus, der vollkommen verwirklichte Mensch, der völlig für Gott offene Mensch. Wenn wir nun meditieren, werden wir unseren Führer vielleicht nicht erkennen, weil der christliche Weg immer ein Weg des Glaubens ist. Wenn wir uns aber der Mitte unseres Seins nähern, wenn wir in unser Herz gelangen, dann finden wir, daß wir von unserem Führer begrüßt werden, von dem, der uns geleitet hat. Er, der jeden einzelnen von uns in die persönliche Fülle des Seins ruft, heißt uns willkommen. Die Folgen oder Ergebnisse der Meditation sind diese Lebensfülle – Harmonie, Einssein und Kraft, eine göttliche Kraft, die wir in unserem eigenen Herzen finden, in unserem eigenen Geist. Es ist die Kraft der ganzen Schöpfung. Jesus lehrt uns, daß diese Kraft die Liebe ist.

Die Schau ist eine schwankende Schau, und wir müssen lernen, wie ich immer sage, einfach und demütig zu werden, wenn wir uns ihr nähern. Einfalt und Demut lernen wir, wenn wir unser Wort sagen, von Anfang bis Ende, mit Geduld und vertrauensvoll, mit Liebe und Mut. Hört auf die Paulusworte im Philipperbrief:

Ja, wahrhaftig, ich achte alles als Verlust um der unüberbietbar großen Erkenntnis Christi Jesu willen, meines

Herrn. Um seinetwillen habe ich alles preisgegeben und halte es für Mist, um Christus zu gewinnen . . . Ihn will ich erkennen und die Kraft seiner Auferstehung und die Leidensgemeinschaft mit ihm, indem ich gleichförmig werde mit seinem Tode, ob ich hingelangen könnte zur Auferstehung der Toten . . . Er wird den Leib unserer Niedrigkeit umwandeln, daß er gleichgestaltet sei dem Leib seiner Herrlichkeit, vermöge der Kraft, mit der er sich alles zu unterwerfen vermag . . . Also, meine geliebten Brüder, nach denen ich mich sehne, meine Freude und meine Krone, so steht fest im Herrn, ihr Lieben. (Phil. 3:8, 10–11; 3:21; 4:1)

Dazu beruft uns die Meditation: die Kraft der Auferstehung mit Jesu im eigenen Geist zu erfahren.

Unendliche Ausbreitung der Liebe

Diese Worte stehen im Johannes-Evangelium:

> Wahrlich, wahrlich, ich sage euch: Wer mein Wort hört und
> dem glaubt, der mich gesandt hat, der hat ewiges Leben und
> kommt nicht ins Gericht, sondern ist aus dem Tode ins Le-
> ben hinübergegangen. (Joh. 5:24)

Meditation ist direkt auf das Herz konzentriert, direkt in die
Mitte des christlichen Geheimnisses. Und zum christlichen
Geheimnis können wir nur durchdringen, wenn wir in das Geheimnis von Tod und Auferstehung eindringen. Das ist die wesentliche Botschaft von Jesus. Keiner kann ein Nachfolger
Christi werden, ohne daß er sein Selbst zurückläßt. »Denn wer
sein Leben retten will, wird es verlieren. Wer aber sein Leben
verliert um meinetwillen und um der Heilsbotschaft willen,
der wird es retten.« (Mark. 8:35) Und in allen Gleichnissen aus
der Natur, die Jesus gibt, muß das Samenkorn in die Erde fallen und sterben, oder es bleibt allein.

In der Meditation, im lebenslangen Prozeß des Meditierens,
verfeinern wir unsere Wahrnehmung bis zu dem Brennpunkt,
der Christus ist. Christus ist unser Weg, unser Ziel, unser Führer. Aber er ist unser Ziel nur in dem Sinn, daß wir einmal,
wenn wir ganz mit ihm, ganz eins mit ihm sind, mit ihm zum
Vater gehen werden. In der Meditation kommen wir zu der
notwendigen Konzentration auf einen Punkt, und dort finden
wir Christus.

Es ist eigentlich unmöglich, über Meditation zu sprechen, so
wie es unmöglich ist, über christliche Erfahrung in angemesse-
nen Begriffen zu sprechen. Ein weiser Mann hat gesagt: »So
wie wir anfangen, über das Mysterium Christi zu sprechen, hören wir, wie sich die himmlischen Tore schließen.« Dennoch
müssen wir versuchen zu sprechen; und wir sprechen nur, um
Leute zur Stille zu bringen. Die Stille unserer Meditation ist

unser Weg in das unbeschreibliche Mysterium, das in unseren Herzen zu finden ist, wenn wir uns nur aufmachen auf die Pilgerfahrt zur höchsten Sammlung. Wir müssen irgendwie versuchen zu erklären, was diese Reise bedeutet, warum sich diese Reise so lohnt und warum sie Mut erfordert.

Das moderne Bewußtsein schätzt Tendenzen, die einschränken oder einengen, nicht so sehr. Die Meditation ist aber ein Weg, auf dem wir unsere Aufmerksamkeit konzentrieren. Wir engen unsere Aufmerksamkeit auf einen Punkt ein. Ich denke, es ist leichter zu verstehen, worum es bei der Meditation geht, wenn ihr sie als großes doppeltes Dreieck betrachtet.

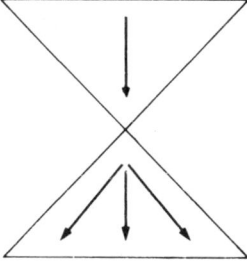

Hier ist das Dreieck oben, das mit der Spitze nach unten zeigt, und dann das Dreieck darunter, das sich öffnet. Das obere Dreieck bedeutet Konzentration, lernen, unsere Aufmerksamkeit völlig auf Christus auszurichten, auf ihn hin und in ihm zu sein. In diesem Sinn bedeutet es eine Einengung des Bewußtseins auf einen Punkt. Aber, sobald wir es in diesem Sinn tun, öffnet sich der Weg zu unendlicher Weite auf der anderen Seite. Durch Christus gelangen wir von allem, was tot ist, was eingeschränkt, sterblich und endlich ist, zur unendlichen Ausdehnung Gottes, und das ist die unendliche Ausdehnung der Liebe.

Wenn wir zu diesem einen Punkt kommen, brauchen wir Mut. Wir brauchen den Mut, um auszuharren, um keine Angst vor der Enge zu haben und vor der Forderung, die an uns gestellt wird. Diese Forderung ist eine unbedingte. Glaube ist gefordert, Glaube daran, daß das, was Christus sagt, wahr ist und daß wir dann, und nur dann fähig werden, unser Leben zu finden, wenn wir es verlieren.

Meditation ist wie ein Überschreiten der Schallgrenze. Wenn man an diesem Punkt angelangt ist, kann es eine Menge Turbulenzen geben. In diesem Moment wird euch die Disziplin, die ihr mit dem Mantra und seinem beständigen Hersagen gelernt habt, helfen, völlig offen zu sein für die Liebe Jesu. Und die Liebe Jesu führt euch durch diesen Engpunkt der Turbulenzen. Wir brauchen Disziplin, um zu lieben und um offen zu sein für Liebe, und wir brauchen Disziplin, um frei zu sein. Wenn wir uns diesem Punkt nähern, müssen wir großen Mut und große Ausdauer haben. Dann lernen wir, daß aller Mut, alle Kraft zur Ausdauer in uns frei werden, wenn wir in Jesus sind.

Dies ist die berauschende Grundlage des ganzen christlichen Mysteriums: Das Osterlamm wird vollendet. In Christus, seinem Mut, seiner Treue und Liebe werden wir in die unendliche Weite geführt, die Gott ist. Es gibt keinen wirklichen Grund für unsere Angst, für einen Aufschub, ein Zögern. Alles *ist* unser in der Liebe Jesu. Unsere Aufgabe ist, demütig unsere Armut anzuerkennen und in sie einzugehen. Das tun wir, wenn wir unser Wort sagen, durch unsere treue Bindung an das Mantra. Es ist keine komplizierte Aufgabe, es ist eine Aufgabe, die uns in Gottes unendliche Liebe führt.

Wir müssen bedenken, daß die Achse, der Drehpunkt im christlichen Leben, Tod und Auferstehung sind. Auferstehung zu neuem Leben, unendlichem, ewigem Leben. Jesus sagt uns, wenn wir offen für ihn sind, wenn wir den Mut haben, auf ihn zu hören, auf das, was er sagt, dann haben wir das ewige Leben, unendliches Leben, unendliche Weite des Lebens. Das ist das Mysterium. Dafür offen zu sein, sind wir eingeladen. Dies öffentlich der Welt zu verkünden, sind wir aufgerufen.

Der Weg ist der Weg der täglichen Treue, täglich sich danach richten und unser Leben immer wieder nach dem Mysterium hin ausrichten, das Einfältigkeit, Liebe und Einheit ist. Hört wieder auf Jesus: »Wahrlich, wahrlich, ich sage euch: Wer mein Wort hört und dem glaubt, der mich gesandt hat, der hat ewiges Leben und kommt nicht ins Gericht, sondern ist aus dem Tode ins Leben hinübergegangen.« (Joh. 5:24)

Disziplin und Freiheit

Wirkliche Freiheit im Geist zu finden ist etwas, so nehme ich an, worum sich jeder in seinem Leben bemüht. So vieles übt Zwang auf uns aus – aufgrund der Angst und aufgrund des Bemühens –, ein Bild von uns zu entwerfen, von dem wir fühlen, andere erwarten es so. Ich glaube, die Menschen erleiden ziemlich viele Enttäuschungen, weil sie nicht sie selbst sein können und keinen Kontakt zu ihrem Selbst finden. James Joyce hat einen seiner Charaktere beschrieben als »immer in einer bestimmten Distanz zu sich selbst lebend«. Genau diese Freiheit hat Jesus verkündet. Die Freiheit, man selbst zu sein, und die Freiheit, uns selbst in ihm zu finden, durch ihn und mit ihm. Meditation ist einfach der Weg zu dieser Freiheit. Sie ist der Weg zu eurem eigenen Herzen. Sie ist der Weg zu dem tiefen Grund eures eigenen Seins, wo ihr ganz einfach *sein* könnt – wo ihr euch nicht rechtfertigen oder vor euch selbst entschuldigen müßt, sondern ganz einfach in Freude sein könnt über das Geschenk eures eigenen Seins. Freiheit ist nicht bloß Freiheit *von* Dingen. Christliche Freiheit ist nicht bloß Freiheit von Begehren, von Sünde. Nein, wir sind frei *für* eine Vereinigung mit Gott; man kann auch sagen, wir sind frei für eine unendliche Ausweitung des Geistes in Gott.

Meditation bedeutet eintreten in diese Erfahrung, frei zu sein für Gott, Begehren und Sünde zu transzendieren, sie hinter sich zu lassen, so daß das ganze Wesen völlig für Gott bereit ist. In dieser tiefen Verfügbarkeit werden wir wir selbst. Denkt an die Worte Jesu:

> Jesus sagte nun zu den Juden, die zum Glauben an ihn gekommen waren: Wenn ihr in meinem Worte bleibt, dann werdet ihr wirklich meine Jünger sein; und ihr werdet die Wahrheit erkennen, und die Wahrheit wird euch frei machen.
>
> (Joh. 8:31–32)

Meditation ist ein Verweilen, ein Wohnen in der Offenbarung, ein Verweilen in der Schau Gottes.

Jeder von uns muß lernen, vollkommen in Ruhe zu sein, wenn er meditiert, und das ist eine Zucht. Wenn du anfängst zu meditieren, sollst du dir ein wenig Zeit nehmen, um eine angenehme Haltung zu finden. Alle von uns haben nach einiger Zeit des Meditierens das Gefühl, als müßten sie sich jetzt bewegen. Wenn wir dann ruhig bleiben, werden wir vielleicht unsere erste Lehrstunde im Überschreiten von Begierden und im Überwinden des Verhaftetseins haben, denen wir so oft unterliegen. Ich möchte also, daß ihr versteht: Meditation bedeutet Zucht, es ist eine echte Disziplin, und die erste Disziplin, die wir wahrscheinlich zu lernen haben, ist, ganz still zu sitzen. Deswegen ist es wichtig, auf praktische Einzelheiten zu achten: Man soll lose Kleidung tragen, einen bequemen Stuhl oder Kissen zum Sitzen haben, so daß man sich bequem fühlt und sich voll und ganz in diese Zucht begeben kann.

Dann schließt die Augen leicht und fangt an, euer Wort zu wiederholen, »Maranatha«. Der Sinn der beständigen Wortwiederholung ist, dich behutsam fortzuführen von deinen eigenen Gedanken, den Vorstellungen, den eigenen Begierden, den eigenen Sünden und dich in die Gegenwart Gottes zu bringen. Du wirst umgedreht, abgewendet von dir selbst und hingewendet zu Gott. Sag' das Wort leise, aber bewußt, sag' es auf eine entspannte Art, aber sprich es deutlich aus, lautlos in deinem Innern, »Ma-ra-na-tha«. Wenn du fortfährst zu meditieren, wird das Wort nach und nach in dein Herz sinken. Und diese Erfahrung von Freiheit im Geist ist das Einswerden von Gemüt und Herz in Gott.

Wenn du anfängst zu meditieren, werden alle möglichen Fragen in deinem Kopf auftauchen. Ist das für mich? Was bedeutet das? Sollte ich das tun? Bekomme ich irgend etwas heraus davon? usw. All diese Fragen laß hinter dir. Alle Selbstbefragung mußt du überschreiten. Du mußt zur Meditation in kindlicher Einfalt kommen. Wenn ihr nicht wie kleine Kinder werdet, *könnt* ihr in das himmlische Königreich *nicht* eingehen.

Ich gebe euch den Rat, sagt euer Wort, seid zufrieden, das Wort zu sagen, und laßt euch von Gott beschenken. Verlangt nichts. Wir sollten zu unserer Meditation kommen ohne Forderungen, ohne Erwartungen, nur mit dieser Freiheit im Geist, die uns bereit macht, so da und gegenwärtig zu sein für unser Selbst und Gott wie nur irgend möglich. Meditation ist sehr, sehr einfach. Macht sie nicht kompliziert. Wenn ihr meditiert, sollt ihr zunehmend einfacher werden, nicht komplizierter. Ihr wißt, nichts in diesem Leben, was einen wirklichen Wert hat, kann ohne einen beträchtlichen Aufwand von Selbstüberwindung erreicht werden. Es ist die wirkliche Selbstaufgabe, die uns Freude bringt. Beim Meditieren muß man die Kraft haben, die Aufmerksamkeit von sich abzuziehen und sie vorauszuschicken, voraus zu Gott.

Wir sind gewohnt, in einer Welt mit 1000 Spiegeln zu leben, in denen wir uns sehen und sehen, wie andere uns sehen, unaufhörlich. Meditation heißt alle diese Spiegel zerschlagen, weder über Dinge noch über sein Selbst reflektieren. Meditation ist ein Schauen der Wirklichkeit, die Gott ist. Und in dieser Erfahrung verströmt man in die Unendlichkeit. Das ist befreiter Geist. Die Freiheit ist die Frucht der Disziplin, und wenn du lernen willst zu meditieren, dann ist es absolut nötig, daß du jeden Tag meditierst. Jeden Tag deines Lebens, jeden Morgen und jeden Abend. Es gibt keine Abkürzungen, keine Kurzkurse, keinen »Instant-Mystizismus«. Es ist einfach der behutsame, schrittweise Richtungswechsel. Wir erfahren eine Veränderung im Gemüt, die das Nachdenken über uns selbst unterbindet und uns offen sein läßt für Gott, für seine Wunder, seinen Ruhm und für seine Liebe.

Stille Gemeinschaft

In unserer Gemeinschaft versuchen wir, soweit wie möglich, an der Tradition christlicher Meditation teilzuhaben. In dieser Gemeinschaft sind wir der Überzeugung, daß aller geistige Reichtum des Neuen Testaments, der ganze Reichtum von Christi Verkündigung, jedem zugänglich ist, wenn er sich in die Erfahrung davon begeben kann. Wenn man unvoreingenommen in das Neue Testament sieht, dann wird man erkennen, daß das Hauptanliegen des Evangeliums die Verkündung von der Fülle des Seins und der Fülle des Lebens ist. Und die Fülle des Lebens, um die es hier geht, wird dann erfahren, wenn man aus den Tiefen seines Wesens lebt. Diese Überzeugung, die man im Neuen Testament findet, erwuchs aus der Erfahrung von Menschen, die verkündet haben, daß wir alle eingeladen sind, unser Leben aus der Kraft Gottes und seiner Liebe zu leben. In das Königreich Gottes eingehen bedeutet, unser Leben aus dieser Kraft zu leben und es dadurch verwandeln zu lassen.

Aus der Tradition des monastischen Gebets wissen wir, daß diese Kraft von uns allen entdeckt werden kann, wenn wir uns verpflichten, aus der *Tiefe* zu leben, und wenn wir uns mit aller Ernsthaftigkeit dazu verpflichten. In der Sprache des Neuen Testaments wird diese Verpflichtung beschrieben als »Wurzeln und Begründet-sein in Christus«. In moderner Sprache können wir es als die völlige, uneingeschränkte Annahme der Aufforderung zu *sein* beschreiben. Das Neue Testament benutzt auch das Wort »Reife«. Dazu sind wir aufgerufen. Als reife Menschen sollen wir alle Herausforderungen und Verantwortungen des Lebens annehmen, und das führt uns zur »Fülle des Seins«. Wenn man im Neuen Testament liest, dann wird es vollkommen klar, daß die Forderung an uns Christen ein Aufruf zu »Wachstum«, zu »Tiefe« ist. Und ebenso klar wird, daß Tiefe und Reife »in Christus« stattfinden. Hier kommen wir zum Kern des christlichen Mysteriums. »Ein Christ sein« heißt: eins sein mit Christus. Anders ausgedrückt bedeutet es: Ein Christ zu sein, heißt, aus den Quellen des Einsseins mit Christus zu leben. Und darum geht es beim Christus-Gebet.

Dieses Einssein schärft unsere Wahrnehmung. Wir müssen uns ganz klar sein, worum es geht, oder wir laufen Gefahr, das Wesentliche des Christentums zu verfehlen. Jesu Aufforderung lautet, eins zu sein mit ihm, damit wir durch ihn eins werden können mit dem Vater. Wir müssen also immer versuchen, daran zu denken und im Sinn zu haben, das Wesentliche des Christus-Gebets ist kein Dialog, sondern das Vereinen, die Einheit. Ich glaube, die meisten von uns erkennen dies in ihrem innersten Herzen. Wir wissen aus Erfahrung, wenn wir das Gebet als Dialog ansehen, einen Dialog mit Gott, dann endet das häufig in einem Monolog.

Die Tradition, der wir als Benediktinermönche folgen, ruft uns auf zum Verständnis und zur Erfahrung des Gebets als stille Gemeinschaft in unserem eigenen Herzen. Vereinigung bringt uns zur Gemeinschaft, zum Einssein, das wir in uns selbst finden, das uns aber zum Einssein mit Gott und zum Einssein mit allem führt. Es ist eine Gemeinschaft, die unbeschreiblich bereichernd ist, weil sie uns von uns selbst fortführt, über uns hinaus, in die Vereinigung mit allen, mit dem All, mit Gott. Vereinigung, Einheit, Gemeinschaft – sie sind das dreifaltige Wachstum eines Christen.

Beim Gebet machen wir die Erfahrung, daß wir in volle Vereinigung kommen mit der Kraft, die das All erschaffen hat. Das Christentum verkündet der Welt, daß diese Kraft Liebe ist und der Quellgrund, der jedem von uns die schöpferische Kraft gibt, der Mensch zu werden, der wir sein sollten – ein Mensch, der in der Liebe wurzelt und begründet ist.

Unsere Tradition erzählt uns das alles, aber sie erzählt uns noch mehr. Sie sagt uns auch, daß das nicht nur Poesie ist. Unsere Übung in der Meditation sagt uns, daß es eine *Erfahrung* ist, zu der jeder von uns aufgefordert ist. Der Weg, der dorthin führt, ist der Weg der Einfachheit und Treue. Unsere Tradition lehrt uns, daß wir lernen müssen, zur Ruhe zu kommen, still zu sein, um in dieses Geheimnis einzudringen. Meditation heißt, eingehen in tiefe Ruhe. Meditieren heißt, aus der Mitte unseres Wesens zu leben. Diese verborgene Mitte finden wir, wenn wir entschlossen sind, nicht seicht zu sein, uns nicht damit zufriedenzugeben, an der Oberfläche zu bleiben, sondern aus den Tiefen unseres Seins zu leben. Darauf müssen wir setzen, weil tief innen in unserem Wesen die Vereinigung mit Christus beständig stattfindet. Der Weg, dem wir folgen müssen, ist ein Weg von fast unbeschreiblicher Einfachheit; und dies bedeutet wahrscheinlich einen guten Teil der Schwierigkeiten für uns Männer und Frauen des 20. Jahrhunderts. In diese Einfachheit zu gelangen, erfordert Mut. Beim Meditieren muß jeder von uns lernen, ganz einfach zu werden, sehr still; wir müssen lernen, unser Wort zu sagen.

Wenn wir meditieren, müssen wir uns als erstes nach dem Niedersetzen ein bißchen Zeit nehmen, richtig bequem zu sitzen, denn während des Meditierens müssen wir so ruhig wie möglich sein. Schließt eure Augen und dann fangt an, euer Wort zu sagen. Das Wort, das ich empfehle, heißt *Maranatha,* das Wort kommt aus dem Aramäischen, der Sprache Jesu, es heißt »komm Herr« und ist ein altes Christus-Gebet. Die Kunst des Meditierens, und was wir beim Meditieren lernen müssen, ist, das Wort von Anfang bis Ende der Meditation zu sagen, es ohne Anstrengung, friedlich und klar zu sagen: »Maranatha«, vier Silben – Ma-ra-na-tha. Dieses Hersagen des Wortes während einer Reihe von Wochen und Monaten bringt euch stufenweise zur Tiefe, zur Stille.

Wenn ihr nun beginnt, dann müßt ihr daran glauben. Ihr müßt lernen, es als einen Teil der Tradition zu akzeptieren. Ihr müßt euch gewissenhaft daran halten, müßt versuchen, euren Lebensumständen entsprechend jeden Morgen und Abend zu meditieren. Wie ich gesagt habe, Meditation ist eine Bindung an die Tiefe, ein Sich-abwenden von flachem, oberflächlichem Zugang zum Leben und Lebensverständnis. Nach meiner Meinung ist der geringste Zeitaufwand, der erforderlich ist, wenn man ernsthaft lernen will zu meditieren, die halbe Stunde am Morgen und noch einmal eine halbe Stunde am Abend, und das jeden Tag. Während der halben Stunde morgens und abends folgt der gleichen Routine. Aber es ist niemals dieselbe. Wähle einen ruhigen Platz, sitze bequem. Die einzige wichtige Regel für deine Haltung ist ein aufrechtes Rückgrat.

34

Du kannst entweder auf dem Boden sitzen, auf einem Kissen, oder auf einem Stuhl, wie es angenehmer ist für dich. Dann, wenn alle deine Muskeln entspannt sind, auch die Muskeln in deinem Gesicht, fang an, das Wort herauszusagen, behutsam, friedlich, klar und ohne Unterbrechung.

Wenn du geduldig und gewissenhaft bist – und Meditation wird dich lehren, beides zu sein –, dann wird dich die Meditation in tiefe und tiefere Bereiche der Stille bringen. Und in der Stille werden wir in das Mysterium geführt, das Geheimnis der ewigen Ruhe Gottes. Das meint Paulus, wenn er an die Epheser schreibt und den Menschen von Ephesus, die nicht so verschieden waren von uns, sagt, was die Verheißung des christlichen Lebens ist:

Diese Friedensbotschaft hat Christus allen verkündet; euch, die ihr fern wart, und ebenso denen, die nahe waren. Durch ihn nämlich haben wir beide in einem Geist den Zugang zum Vater. (Ephes. 2:17–18)

Darum geht es in der Meditation – um den Zugang zum Vater in einem Geist, dem Geist, der in deinem und meinem Herzen wohnt, der Geist, der Geist Gottes ist. Christliche Meditation ist einfach Offensein für diesen Geist in der Tiefe unseres Wesens, in aller Schlichtheit, Demut und Liebe.

Der Friede Christi

Es gibt einen Aspekt in der Meditation, mit dem wir in der Erfahrung mit ihr alle vertraut werden, ein Aspekt, der tief in die christliche Tradition eingefügt ist. Der Christ weiß, daß Jesus der Weg, die Wahrheit und das Leben ist. Und wie er selbst gesagt hat, er kam, uns seinen Frieden zu geben und seinen Frieden zu hinterlassen. Im Lukasevangelium steht: »Zu leuchten denen, die in Finsternis und in Todesschatten sitzen, und unsere Füße zu lenken auf den Weg des Friedens.« (Lukas 1:79) Christlicher Friede ist etwas Einzigartiges, und wir können ihm nur in Christus begegnen.

Paulus schreibt in dem Brief an die Römer: »Laßt uns fortfahren im Frieden mit Gott durch unseren Herrn Jesus Christus.« (Röm. 5:1) Meditation ist unser Weg in den Frieden Christi, weil er in unserem Herzen wohnt, und in der Meditation suchen wir ihn in unserem Herzen, weil »er selbst unser Friede ist«. (Ephes. 2:14) In seinem Brief an die Epheser spricht Paulus von Christus, der alle Hindernisse niedergerissen hat, die symbolisiert wurden durch die Trennmauer im Tempel, die den inneren vom äußeren Hof getrennt hat, die innere von der äußeren Wirklichkeit. In Christus ist wieder eine Wirklichkeit.

Gerade das tut Meditation in unserem Leben. Alle Barrieren in uns zwischen äußerem und innerem Leben werden niedergerissen, und unser ganzes Wesen wird in Harmonie gebracht. Der Friede Christi, der über alles Verstehen geht, über alle Analyse, er geht aus dieser Einheit hervor. Die Wahl, die Paulus vorschlägt, die Herausforderung, lautet, in diesem Geist zu leben, der die Einheit schafft; in anderen Worten: aus der Fülle der Kraft zu leben, die da ist in unserem Herzen, wenn wir uns ihr nur zuwenden und offen für sie sind.

Paulus fordert uns auf, aus der Tiefe unseres Seins zu leben, nicht oberflächlich, oder nach »dem Fleisch«, oder nach »der Welt«. Paulus sieht so klar, daß Weltliches und Fleischliches, wenn es vom Geist geschieden ist, nur zum Tod führen können. Aber der Geist belebt alles, füllt alles mit Leben, auch Weltliches und Fleischliches. Der Geist belebt, indem er alles zur Einheit mit Christus aufruft. Alles, die ganze Schöpfung, wird in Christus zur Einheit gebracht. Das ist die Quelle unseres Friedens.

In christlicher Schau des Neuen Testaments geht der Friede aus der Harmonie hervor, der Gemeinschaft mit Gott. Jesus sagt: »Frieden hinterlasse ich euch, meinen Frieden gebe ich euch.« (Joh. 14:27) In seinem Abschiedsgespräch beim letzten Abendmahl, so berichtet Johannes, spricht Jesus von seiner Rückkehr zum Vater, und dann fügt er hinzu: »Dies alles habe ich euch gesagt, damit ihr in mir Frieden habt.« (Joh. 16:33)

Meditation ist also unser Weg zum Frieden. Eine Verpflichtung zur Ruhe ist die erste Stufe, um den Frieden Christi zu finden. Wir entdecken beim Üben, Tag für Tag, morgens und abends, daß die Stille, die der Friede Christi ist, uns befähigt, voll wach zu sein, ganz lebendig. Es ist eine Stille der Wachheit und Lebenskraft, weil es eine Stille, erfüllt von Gottes Gegenwart ist. Das Christusgebet ist eine Verpflichtung zur Ruhe, in der wir unsere eigenen Wurzeln in der ewigen Ruhe Gottes finden, eine Stille, in der wir in tiefe Harmonie gelangen und in der wir uns in Gemeinschaft finden.

Der Weg des Gebets ist der Weg der Vereinigung, des Einsseins. Da wird nicht unterschieden, ob Grieche oder Jude, ob Mann oder Frau – es ist Einssein in ewiger Harmonie und ewige Erfüllung in Gott. Dies war die Botschaft von Paulus im Brief an die Epheser:

> In jener Zeit lebtet ihr ohne Christus, ausgeschlossen von der Gemeinde Israels, fremd den Bundesschließungen und ihrer Verheißung, ohne Hoffnung und gottlos in der Welt. Jetzt aber in Christus Jesus seid ihr, die ihr einst »fern« waret, »nahe« geworden durch das Blut Christi. Denn er ist unser Friede; er hat aus den beiden eins geschaffen und die trennende Scheidewand niedergerissen, in seinem Fleische die Feindschaft, das Gesetz der Gebote mit seinen Verordnungen verzichtet, um die beiden in ihm als Friedensstifter zu einem neuen Menschen umzuschaffen. (Ephes. 2:12–15)

Meditation ist eine Verpflichtung zur Einheit und bedeutet so eine Abwendung von Äußerlichkeiten, von äußeren Spaltungen und von inneren Entzweiungen. Der geistige Mensch ist einer, der voll Liebe ist, voller Liebe in seinem Inneren, jenseits allen Getrenntseins, alle Mitbrüder liebend, fern aller Uneinigkeit. Und am wunderbarsten ist, daß wir durch Jesus in Liebe sind mit Gott, jenseits aller Entfremdung. Paulus endet diesen Absatz: ». . . denn durch ihn haben wir beide gleichermaßen Zugang zum Vater in dem einen Geist.« Wenn man es auf sprachlicher Ebene beläßt, ist das Christentum unglaublich. Wir können nicht glauben, daß es unsere Bestimmung ist, einen so vollkommenen Zugang zum Vater und zum Geist zu haben. Es geht über das hinaus, was der menschliche Verstand denken oder verstehen kann. Nur in der Erfahrung des Gebets überwältigt uns die Wahrheit der christlichen Offenbarung. Das ist der Aufruf des Christusgebetes: uns zu verlieren und aufgesogen zu werden in Gott.

Verpflichtung zur Einfachheit

Je mehr wir über Meditation sprechen, um so mehr müssen wir uns bewußt sein, daß es ein Weg der Einfachheit ist. Einfachheit und Klarheit sind die Grundlage für Güte, Glücklichsein und Segen, und wir lernen Einfachheit durch Armut. Jesus lehrte: »Selig sind die Armen im Geist, denn ihrer ist das Himmelreich.« (Matth. 5:3)

Für uns ist Einfachheit als Ziel etwas wenig Vertrautes. Die meisten von uns sind sorgfältig dazu erzogen, nur Komplexität als wirklich respektwürdig anzusehen. Um Einfachheit zu verstehen, müssen wir in unser Inneres eintreten. Wir müssen in die Einfalt Gottes eingehen, und durch dieses Eingehen werden wir selbst einfältig.

Ich bin sicher, ihr habt sagen hören, Meditation ist der Weg zur Wirklichkeit. Zu allererst ist es der Weg zur Wirklichkeit unseres eigenen Seins. Durch Meditation lernen wir zu sein, nicht eine besondere Rolle zu spielen oder etwas Besonderes zu sein, sondern einfach zu sein. Die beste Art zu beschreiben, wäre wohl zu sagen, wir befinden uns in einem Zustand äußerster Einfachheit. Wir versuchen nicht zu handeln. Wir versuchen keine Entschuldigung zu finden dafür, wer wir sind oder wie wir sind. Wir leben einfach aus den Tiefen unseres Seins, sicher und gefestigt durch unser eigenes Verwurzeltsein in der Wirklichkeit. Das ist für die meisten von uns ein wenig vertrautes Ideal, weil wir dazu erzogen sind, Wahrheit nur in der Komplexität zu finden. Und doch, glaube ich, in einer tieferen Schicht unseres Bewußtseins wissen wir alle, daß die Wahrheit nur in äußerster Einfalt und Offenheit gefunden werden kann. Erinnern wir uns an die Schärfe und Klarheit unserer Schaufähigkeit in der Kindheit. Davon sollten wir lernen. Was uns allen not tut, ist die kindliche Fähigkeit, sich zu wundern, das einfache kindliche Gemüt, die Größe der Schöpfung zu verehren.

Einfachheit ist nicht immer leicht. Gerade dieser Punkt bedeutet eine der Schwierigkeiten für Menschen, die meditieren lernen wollen. Sie fragen, »was muß man tun, um zu meditieren?« Wenn man ihnen sagt, daß sie still sitzen sollen und nur lernen müssen, ein Wort oder einen kurzen Satz zu sprechen, dann nehmen die Leute oft Anstoß daran. Es kamen Leute zu mir und sagten, »nun, ich habe einen Doktorgrad in höherer Physik und vergleichender Religionswissenschaft. All das mag schön und gut sein für den Durchschnittsbürger, aber für mich, da muß es etwas Anspruchsvolleres geben.« Aber das Wesentliche der Meditation ist, lernen, still zu sitzen und zu erfahren, daß einem Offenbarung zuteil wird, wenn man zu den Wurzeln der Dinge durchdringt, zu den stillen Wurzeln.

Meditation ist der Weg, von einer Scheinwelt in das klare Licht der Wirklichkeit durchzubrechen. In der Meditation erfährt man, wie man verankert wird in der Wahrheit, auf dem Weg und im Leben. In christlicher Sicht ist Jesus dieser Anker. Er offenbart uns, daß Gott der Grund unseres Seins ist, daß niemand außerhalb von ihm existieren kann, daß er der Weg, die Wahrheit und das Leben ist. Die meisten von uns sind in der Illusion befangen, daß wir der Mittelpunkt der Welt sind und daß sich alles und jedes um uns dreht. Wenn wir unseren Doktorgrad haben, kann uns das in dieser Illusion bekräftigen. Beim Meditieren lernen wir aber, daß das nicht das Wahre ist. Die Wahrheit ist, daß Gott der Mittelpunkt ist und ein jeder durch seine Gnade sein Dasein hat, durch seine Kraft und seine Liebe. Dieses Umdenken geschieht nicht über Nacht, und ich habe euch geraten, wenn ihr meditieren lernen wollt, müßt ihr das jeden Tag tun, jeden Morgen, jeden Abend, und während der Meditation müßt ihr lernen, das Wort zu sagen vom Anfang bis zum Ende der Meditation.

Die Erfahrung zeigt, daß wir in der Meditation nach und nach frei werden. Meditation ist der große Weg der Befreiung. Wir werden von der Vergangenheit befreit, weil wir aufhören, an sie zu denken, wenn wir unser Wort sagen beim Meditieren. In der Disziplin des Wortwiederholens werden wir für die Gegenwart offen. So lernen wir, mehr und mehr offen zu sein für unser Leben im gegenwärtigen Augenblick. Ängste und Schmerzen der Vergangenheit verlieren ihre Macht über uns. Wir werden nicht länger von ihnen beherrscht, weil wir sicher im Sein eingefügt sind. In der Meditation lernen wir, daß wir sind, weil Gott ist. Wir lernen, daß zu sein unser größtes Geschenk ist. Wenn wir dafür offen sind, werden wir im Grund unseres Seins verwurzelt. Ähnlich werden wir von der Zukunft befreit, von Sorge und Furcht. Was wir in der Tat durch die Meditation lernen, ist, daß wir durch die Kraft Christi von aller Furcht befreit werden. Die Furcht ist das größte Hindernis zwischen uns und der Wirklichkeit. Christliche Einsicht kann jedem von uns zeigen – die größte Kraft, alle Furcht zu vertreiben, ist die Liebe. Der Kern der christlichen Botschaft ist, daß Gott Liebe ist, und daß Jesus uns aus der Knechtschaft der Angst befreit und jeden von uns in das Licht und die Liebe Gottes gebracht hat.

Jeder von uns ist eingeladen, offen zu sein für die Fähigkeit, in genau diese Erfahrung Jesu Christi einzugehen. In der christlichen Offenbarung hat er den verhüllenden Schleier von Angst und Einschränkung durchbrochen. Seine Auferstehung hat uns den Weg zum reinen Licht der Wahrheit, dem reinen Licht der Liebe geöffnet. Wir erfahren bei der Meditation, daß dies nicht nur Theologie ist oder daß es theologische, poetische Bilder sind, sondern Gegenwart, lebendige Wirklichkeit, die in der Mitte unseres Seins wirkt. Aber es verlangt Offenheit, Großmut und Einfachheit von unserer Seite, auf diesem Weg des Lichts, der Liebe und des unendlichen, grenzenlosen Lebens zu gehen. Vor allem verlangt es Hingabe. Nicht Hingabe an eine Sache oder Ideologie, sondern Hingabe in unserem eigenen Leben an diese schlichte tägliche Rückkehr zu den Wurzeln unserer eigenen Existenz, Hingabe, dem Leben mit aller Aufmerksamkeit zu begegnen, Raum in unserem Leben zu schaffen, um aus der Fülle zu leben. Wir haben nichts zu fürchten von der hingebungsvollen Öffnung dieses Raumes, das lernen wir in der Meditation, der Stille und Einfalt, die daraus erwachsen.

Ich glaube, alle von uns haben Angst vor Hingabe, weil sie scheinbar unsere freien Wahlmöglichkeiten einschränkt. Wir sagen uns: »Wenn ich mich an die Meditation halte, dann werde ich keine Zeit für anderes haben.« Aber ich glaube, was alle von uns finden werden, ist, daß diese Angst sich auflöst, wenn wir uns mit Hingabe daran halten, ernsthaft zu sein, offen, nicht oberflächlich zu leben, sondern aus den Tiefen unseres Seins. Wir alle erfahren in der Übung, daß sich unser Gesichtskreis erweitert, nicht verengt, wir fühlen keine Beschränkung, sondern Freiheit.

Wie geschieht dies? Ich glaube, es ist der Erfolg unserer Hingabe, nicht an ein abstraktes Ideal oder eine Ideologie, sondern an die Einfachheit: an diese Einfalt des Herzens, die nötig ist, um sich jeden Morgen hinzusetzen, die Augen zu schließen und anzufangen, das Wort zu sagen, ohne darin nachzulassen, von Anfang bis Ende des Sitzens. Fang deinen Tag so an, aus der Wesensmitte deines Seins. Bereite dich für den Tag, in dem du versuchst zu sein. Dann am Abend mache dich wieder daran und gib allem, was du während des Tages getan hast, Bedeutung, öffne dich wieder dem Verwurzeltsein mit Gott, dem Grund deines eigenen Seins.

Das Mantra wird dich zu größerer Ruhe bringen. Die Ruhe führt dich zu größerer Tiefe. In der Tiefe wirst du keine Ideale oder Weltanschauungen finden, aber ein Du, das Gott ist, Gott, der die Liebe ist. Der Weg ist der Weg der Einfalt. Wir müssen das beim Meditieren lernen, an jedem Tag unseres Lebens, einfacher und einfacher zu werden.

Selig sind die Armen im Geist, denn ihrer ist das Himmelreich.   (Matth. 5: 3,8)

Meditation ist der Weg zur Reinheit des Herzens, alle Furcht und Begrenzung bleiben zurück, und wir gehen – einfältig – in Gottes Gegenwart ein.

Der Weg der Befreiung

Manche von euch haben jetzt so lange meditiert, daß ich versuchen kann, etwas über den Weg zu sagen, auf den die Meditation uns führt. Zunächst ein paar Worte über Meditation als Hingabe an die Wirklichkeit. Ich bin sicher, ihr wißt aus Erfahrung, daß man mit der Meditation nicht spielen kann. Wenn wir uns daran gemacht haben, das Wort mit Hingabe von Anfang bis Ende zu sagen, und dies unbeschränkt, als Grundlage unseres täglichen Lebens, jeden Morgen und jeden Abend, dann werden wir zunehmend tiefer in der Hingabe und offener für die Wirklichkeit, die Wirklichkeit unseres eigenen Seins, die Wirklichkeit der ganzen Schöpfung und die Wirklichkeit Gottes. Der wahre religiöse Mensch ist jemand, der in seinem Leben empfänglich ist für die Wirklichkeit. Nicht für Ziele, nicht für ehrgeiziges Streben, nicht für Zweitrangiges und Materielles und nicht für Belanglosigkeiten. Wir wissen nur zu gut, wenn wir für Belanglosigkeiten empfänglich werden, werden wir selbst belanglos.

Ich möchte ein Beispiel geben. Die große Illusion, mit der wir alle anfangen, ist die Meinung, daß wir der Mittelpunkt der Welt seien. Zu dieser Illusion kommt es sehr leicht. Wenn sich unser Bewußtsein öffnet, scheint es, als ob wir die äußere Welt von unserer eigenen Mitte her verstehen. Und wir scheinen die äußere Welt von einem inneren Kontrollzentrum aus zu überwachen. Und so scheint es, als ob die Welt sich um uns dreht. Dann, folgerichtig, fangen wir an, diese Welt zu kontrollieren, zu beherrschen und uns zu Diensten zu machen. Das ist der Weg der Verfremdung, Vereinsamung und Furcht, weil er von Grund auf unwirklich ist.

Was wir in der Meditation erfahren, ist, daß Gott die Mitte ist. Gott ist die Quelle aller Wirklichkeit. Unsere Erfahrung lehrt uns, daß es nichts Wirkliches außerhalb Gottes gibt. Außerhalb der wahren Mitte gibt es nur die Scheinwelt, die Illusion. In der Meditation finden wir den Mut, in dem klaren

Licht dieser Mitte und in der Wirklichkeit, die Gott ist, zu leben. Die Wirklichkeit der Schöpfung und meine Wirklichkeit sind durch Gott erschaffen, aus ihm ist dies hervorgegangen. In der Meditation und durch unsere Hingabe daran werden wir in *Wahrheit* verankert. Zuerst werden wir auf unserem *Weg* gefestigt, dem Pilgerweg der Meditation. Und, am allerwichtigsten, wir werden im *Leben* verankert. Unsere Lebenslinie wird klar. Wir sind in Gott fest gegründet. Wir fangen an, in der Erfahrung zu lernen, daß er der Grund unseres Lebens ist. In ihm leben wir. Durch ihn leben wir. Und mit ihm leben wir.

Was nötig ist, ist Hingabe, Ausdauer. Dadurch wird unsere Meditation zum Weg der Befreiung. Wir werden frei gemacht, im gegenwärtigen Augenblick zu *sein,* das Geschenk unserer Schöpfung voll anzunehmen, völlig im ewigen *JETZT* Gottes zu sein. Ich bin sicher, ihr wißt aus eurer eigenen Erfahrung, daß diese Hingabe ans Sein und den gegenwärtigen Moment eine Hingabe wird, jeden Augenblick des Daseins aus der Fülle zu leben. Es ist nicht schwer, den Grund dafür einzusehen. Es ist das Offensein für die *Lebensquelle* in uns, was wir in der Meditation erfahren. Wenn wir erst einmal dafür offen sind, dann fließt diese *Lebensquelle* in unserem Innersten in jedem Augenblick unseres Lebens. Das ist das Wesentliche, worum es im Christentum geht. Christus verkündigte – »daß die Menschen das Leben haben, und es in all seiner Fülle haben«. Mit anderen Worten, wir brauchen uns nicht zu entschuldigen für unser Sein, keine Entschuldigungen zu suchen für unser So-Sein. Wir müssen nicht unser Leben damit zubringen, uns selbst annehmbar für andere zu machen. Wir müssen nur in der Wirklichkeit wurzeln und ruhig auf dem Grund unseres Seins stehen.

Meditation ist ein Weg, der uns von aller Furcht frei macht. Angst ist das größte Hindernis vor der Fülle des Lebens. Die große Kraft der Liebe, die alle Angst vertreibt, ist die Kraft, mit der wir in der Tiefe unseres Seins in Berührung kommen; das Wunder dieser Schau hat Christus uns verheißen. Das Wunder der Liebe ist die Energie, die alles vor sich forttreibt. Wir müssen verstehen und wir müssen es verkünden, wenn wir der Welt die christliche Botschaft mitteilen wollen: im Gebet beginnen wir voll aus der Lebenskraft zu schöpfen, die in unserem Innersten freigesetzt wird, und diese Lebenskraft ist Liebe, weil sie Gott ist.

Es verlangt Hingabe an das Leben und die Liebe. Es ist die Hingabe, die Jesus mit seinem eigenen Leben und seiner eigenen Liebe verkündet hat. In eigener Erfahrung müssen wir das lernen. Leben und Liebe sind gegenwärtige Wirklichkeit. Jeder kann diese finden und mit ihr in Berührung kommen im Innersten seines Herzens, jeder von uns. Das ist etwas, das wir lernen müssen zu erfahren. Es reicht nicht, es aus anderer Leute Erfahrung zur Kenntnis zu nehmen, daß der Geist Christi in unseren Herzen wohnt und daß der lebendige Christus in unseren Herzen einen jeden aufruft, aus der Fülle des Lebens zu leben. Wir sollen voll Hingabe sein, uns selbst zu erkennen und in der Kraft Christi zu leben.

Dabei gibt es keine Halbheiten. Du kannst nicht beschließen, ein bißchen zu meditieren. Die Wahl heißt meditieren und mit seinem Leben in der Wirklichkeit wurzeln. Die Wirklichkeit ist die Wirklichkeit der Freiheit – du wirst frei, zu sein, in der Fülle zu sein, jeden Moment deines Lebens. Soweit ich es verstehe, ist dies das Anliegen des Evangeliums. Darum geht es beim Christusgebet. Hingabe an das Leben, an das *ewige* Leben. Jesus lehrte, das himmlische Königreich ist hier und jetzt. Wir müssen nur offen dafür sein, uns ihm anvertrauen. Hört auf die Worte Jesu im Matthäus-Evangelium:

Das Himmelreich ist einem Schatz gleich, der im Acker verborgen lag. Ihn fand ein Mann, verhehlte ihn jedoch, ging in seiner Freude hin, verkaufte alles, was er hatte, und kaufte jenen Acker. Das Himmelreich ist ferner einem Kaufmann gleich, der schöne Perlen suchte. Da fand er eine Perle von gar großem Wert. Er ging hin, verkaufte alles, was er hatte, und kaufte sie. (Matth. 13:44–46)

Das ist die Art der Hingabe, die uns not tut, die Verpflichtung, jeden Tag zu meditieren und in unserer Meditation das Mantra von Anfang bis Ende zu sagen.

Jenseits der Täuschung

Um irgend etwas von Meditation zu verstehen, müßt ihr euren Weg zu einer bestimmten Einfältigkeit finden. In der Welt, in der wir leben, sind wir gewohnt, unser Hoffen und unseren Glauben auf sehr komplizierte Dinge zu setzen. Aber ich denke, wir alle wissen in einer tieferen Schicht unseres Seins, daß wahrer Friede in tiefer Einfalt des Geistes gefunden wird. Was Paulus in seinem Brief an die Epheser schreibt, sollte tief in unsere Herzen sinken:

> In jener Zeit lebtet ihr ohne Christus, ausgeschlossen von der Gemeinde Israels, fremd den Bundesschließungen und ihrer Verheißung, ohne Hoffnung und gottlos in der Welt. Jetzt aber in Christus Jesus seid ihr, die ihr einst »fern« waret, »nahe« geworden durch das Blut Christi. Denn er ist unser Friede. (Ephes. 2:12–14)

Wir alle sind eingeladen, aus eigener Erfahrung zu wissen, wir *sind* diesem tiefen Frieden nahe gebracht *worden* durch Leben, Tod und Auferstehung Christi. Aristoteles definiert Friede als »Ruhe des Geordnetseins«. Friede und Ordnung sind nötig für alles Wachstum. Sie sind nötig für unsere Wesenstiefe, nötig uns allen, um all unsere Möglichkeiten zu verwirklichen. Man könnte Frieden also als »Harmonie geleiteter Wirksamkeit« beschreiben. Darum geht es in der Meditation. Nicht um passives Ruhigsein. Es geht darum, sich die Nähe zur Quelle der Schöpfung klarzumachen, der Quelle unserer eigenen Schöpfung und jeglicher Kreatur. Sich im klaren sein, daß die Macht der Schöpfung, ihre Kraft, in unserem eigenen Herzen fließt.

Der Feind des Friedens ist Ablenkung. Wir werden abgelenkt, wenn wir den Blick auf das harmonisierende Ziel unseres Lebens verlieren, auf die harmonisierende Kraft, in der wir unser Sein haben. Wir können das Ziel aus den Augen verlieren. Und wir können es wiedergewinnen. Ablenkung entsteht durch Begehren, den Wunsch, zu besitzen. Verlieren wir das Ziel, so führt uns das fort von der Wirklichkeit in die Unwirklichkeit, in die Scheinwirklichkeit.

Erinnert euch wieder an den Weg der Meditation. Wir setzen uns hin, sitzen mit geradem Rückgrat, wir atmen ruhig und regelmäßig, und wir beginnen unser Wort zu sagen, *Maranatha*. Vier gleichmäßig betonte Silben, »Ma-ra-na-tha«. Wir sagen unser Mantra von Anfang bis Ende der Meditation. Der Zweck des Wortes ist, uns auf dem Weg zu halten, uns von Täuschung, von Begehren fort in die Wirklichkeit Gottes zu führen. So lange wir auf dem Weg sind, so lange wir unser Wort sagen, wenden wir uns von Ablenkungen ab und sind auf dem Weg, zu der Wurzel zu finden, aus der wir entsprungen sind.

Sobald wir das Ziel aus den Augen verlieren, werden wir verwirrt. Wir bekommen Angst. Und dann fangen wir an, Trost in mehr und mehr Ablenkung und Täuschung zu suchen. Der meditative Weg fordert uns auf, uns der Scheinwelt, Angst, Einbildung und Ablenkung entgegenzustellen und durch sie hindurchzugehen. Auf der anderen Seite all dieser Illusion, Angst und Unwirklichkeit ist Friede, die Ruhe des Geordnetseins; ist Kraft, die zu ihrem äußersten Ende geleitet wird. Jeder von uns ist dazu aufgefordert, in der Meditation zu erfahren, daß diese Kraft Liebe ist. Jeder von uns ist aufgerufen, in eigener Erfahrung zu entdecken, daß Gott Liebe ist.

Ich habe euch gesagt, Meditation hat nichts mit stiller Träumerei zu tun. Es geht dabei um Wachsamkeit. Wir erwachen zur Nähe Gottes. All unsere Kraft und all unser Vermögen sind dann nach ihrem wahren Ende hin ausgerichtet. Das Ende ist Gott, der auch unser Anfang ist. Wenn wir den Frieden in der Meditation erfahren, wird uns enthüllt, wo wir uns befinden. Es wird uns enthüllt, daß wir auf einer Reise sind, fort von Furcht, von Unwirklichkeit und Illusion hin zur einzigen Wirklichkeit, die es gibt. Diese Wirklichkeit ist Gott. Diese Wirklichkeit ist Liebe.

Jeder von uns muß lernen, sein Wort zu sagen, unser Mantra. Wir müssen lernen, es von Anfang der Meditation bis zu ihrem Ende zu sagen, um es in unseren Herzen einzuwurzeln, so daß wir hören können, wie es dort erklingt, in der Tiefe unseres Seins. Das Mantra einzuwurzeln braucht Zeit. Wenn du dich selbst fragst, »wieviel Zeit wird es brauchen?«, kannst du antworten und dir sagen: »Es braucht nur so viel Zeit, um sich klar zu machen, daß es überhaupt keine Zeit braucht.« Wir sind schon da. Hört wieder auf Paulus: »Doch jetzt seid ihr, die einst ferne wart, in Christus Jesus nahe geworden durch Christi Blut. Denn er selbst ist unser Friede.« Dahin müssen wir kommen, daß wir das verstehen, in der Meditation *erfahren*. Wir müssen wissen, daß es eine persönliche Erfahrung ist. Unsere Erlösung *wird* vollendet. Die Kraft des Geistes *wird* in unserem Herzen freigesetzt. Was uns davon abhält, dies zu erkennen, ist unsere Ablenkung. Unser Geist ist in Unordnung geraten, und wir müssen ihn wieder freimachen. Darum geht es in der Meditation. Deshalb ist es so wichtig, sich jeden Morgen und jeden Abend daranzumachen.

Setzt euch hin und sagt euer Mantra, löst die Ketten, die Fesseln, die euch an die Unwirklichkeit binden, an Illusion und Angst. Seht ein, daß diese Fesseln keine Macht über euch haben, wenn ihr nur offen seid für die Erfahrung Jesu. Seine Erfahrung ist, daß er Gottes geliebter Sohn ist. Was er für uns erlangt hat, ist, daß wir offen sein können für ebendieselbe Erfahrung des Wissens, daß wir Söhne und Töchter eines liebevollen, mitleidigen Vaters sind. In dieser Erfahrung entdecken wir, daß unser Sinn ist, für seine Liebe weit offen zu sein, gänzlich offen für die Nähe seines geheimnisvollen Seins, das selbst ganz offen ist für unsere Herzen und unsere eigene Mitte. Denn in unserer Mitte wird er gefunden. Meditation, das Mantra von Anfang bis Ende sagen, das Mantra jeden Morgen und jeden Abend sagen, das ist unsere Pilgerfahrt zu dieser Mitte, wo er ist und wo wir in ihm sind.

Wir haben Bedeutung für Gott

Im Kolosser-Brief stehen diese bemerkenswerten Worte:

> Ihr habt Jesus Christus als den Herrn angenommen. Lebt
> nun so, daß ihr in ständiger Verbindung mit ihm bleibt! Seid
> in ihm verwurzelt und baut euer Leben ganz auf ihn! Bleibt
> im Glauben fest und laßt euch nicht von dem abbringen,
> was euch als Richtschnur des Glaubens gelehrt worden ist.
> Seid voll Dank für das, was Gott euch geschenkt hat . . .
> Christus ist Herr über alle Mächte und Gewalten. In ihm
> wohnt Gott mit der ganzen Fülle seines Wesens, und nur
> durch ihn habt ihr Anteil an dieser Fülle. (Kol. 2:6–7, 9–10)

Das gilt uns allen: »Lebt euer Leben in Verbindung mit
ihm.« Nicht aus der Entfernung bewundern, nicht einmal aus
der Ferne anbeten, sondern »in Vereinigung« leben, so lautet
die erlösende Einladung des Evangeliums.

Eines Tages machen wir alle die Erfahrung, daß Vereinigung Selbstlosigkeit verlangt, einen wirklichen Verlust unseres Selbst, weil wir uns in dieser Vereinigung der größeren
Wirklichkeit der Einheit übergeben. In ihr findet jeder das andere und, indem er das andere findet, entdeckt er seine wesentliche Persönlichkeit. Wir entdecken uns, weil wir uns in
dieser Vereinigung als erkannt, geliebt, behütet und umsorgt
erfahren. Das christliche Evangelium offenbart uns, daß es
dies ist, wofür wir erschaffen sind. Wir sind erschaffen für die
Vereinigung, für die Vollendung, die uns zuteil wird in der Erfahrung, daß wir erkannt sind, durch die Entdeckung, daß wir
»in der Liebe« sind. »Lebt euer Leben in Vereinigung mit
ihm.« Das versuchen wir in der Meditation zu tun. So wie es
Paulus beschrieben hat, »verwurzelt« in ihm, auf ihn »bau-
end«.

Was jeder für sich entdecken muß, ist, daß Gott die Wurzel
ist, aus der wir entsprungen sind. Er ist der Grund unseres We-

sens. Der einfache, gesunde Menschenverstand fordert dazu auf, daß wir aus dieser Wurzel leben. In Christus verwurzelt leben, uns als verwurzelt in ihm *erfahrend* in unserer täglich geübten Meditation. So gelangen wir in eine beständige Festigkeit, die durch keine vorübergehenden, kurzlebigen Zufälligkeiten beeinträchtigt wird. In der Stille des Meditierens erlangen wir eine Selbsterfahrung jenseits aller Zufälligkeiten. Wir wissen, daß wir sind, daß wir in Gott sind und daß wir in ihm unsere wesentliche Eigenart und unsere einzigartige Bedeutung finden. Es ist wunderbar, im Christusgebet zu entdekken, daß wir eine Bedeutung für Gott haben und daß diese unsere Bedeutung darin liegt, *Gott zu vervollkommnen, zu vollenden*. Das ist das Erstaunliche, kaum Glaubhafte der christlichen Offenbarung. Indem wir mit ihm so völlig in Harmonie sind, strahlen wir allen Glanz seines Ruhms, all die Fülle seiner Selbstmitteilung auf ihn zurück.

Paulus sagt uns, »daß ihr in ihm zur Vollendung gebracht worden seid«. – Im christlichen Geheimnis sind wir alle dazu aufgerufen, in den göttlichen Kreis zu treten, und jeder dazu, seinen festgelegten Platz darin einzunehmen. Die Fülle der Gottheit wohnt in Christus, und Christus wohnt in uns. In seiner Einwohnung finden wir unsere Vollendung. Um als menschliche Wesen vollendet zu sein, dürfen wir dieses Mysterium nicht nur intellektuell erleben, nicht nur emotional, sondern mit unserem ganzen Sein. Das Neue Testament verkündet uns immer wieder, daß die Fülle des Seins, zu der wir aufgerufen sind, in unserem eigenen Innern ruht, so wie es jetzt ist, und es wird verwirklicht, wenn unser Sein und das Sein Gottes in volltönender Harmonie erklingen. Meditation fordert uns auf, in diese tönende Harmonie Gottes zu gelangen.

Von einem gewissen Punkt an versagt die Sprache immer. Aber wir müssen versuchen, die Sprache zu benutzen, damit wir unsere Aufmerksamkeit auf das Mysterium und seine Tiefen richten können. Das Mantra wirkt fort, wo die Sprache versagt. Es ist wie eine göttliche Harmonie. Dadurch, daß es in unserem Herzen wurzelt, wird jede Ecke unseres Herzens, jede Faser unseres Wesens für Gott geöffnet, und all seine Kraft fließt in uns ein. Deswegen müssen wir unser Mantra getreulich sagen, in Beständigkeit und tiefer werdender Gelassenheit. Heiligkeit und Weisheit sind nur andere Begriffe für Wirklichkeit. Gott ist Wirklichkeit. Durch die tägliche, getreue Hingabe in unserer Meditation entdecken wir, daß Frömmigkeit volle geistige Gesundheit ist. Volle Geisteskraft fließt aus der Urkraft von Gottes Liebe. Wir alle sollen diese Frömmigkeit, die frei in den Tiefen unserer Herzen fließt, erfahren.

Die Wirklichkeit, die Liebe ist

Ich habe euch gesagt, daß ihr lernen müßt, wirklich einfältig zu werden, wenn ihr meditieren wollt. Das ist eine ziemliche Herausforderung für uns, die wir mit einem modernen Bewußtsein in einem wissenschaftlichen Zeitalter erzogen worden sind. Vielleicht hilft es, sich auf einen besonderen Aspekt der Einfältigkeit zu konzentrieren.

Ich möchte wieder betonen, daß ihr immer daran denken müßt, wie wichtig es ist, das Mantra tatsächlich während der ganzen Zeit der Meditation zu sagen. Der moderne Mensch findet es außerordentlich schwierig, das einzusehen und zu beherzigen. Wenn ihr anfangt zu meditieren, scheint es schwierig zu glauben, daß ihr schon auf dem Weg sein könnt, nur dadurch, daß ihr das Wort »Ma-ra-na-tha« nehmt und es unaufhörlich wiederholt. Wenn ihr anfangt, müßt ihr das vertrauensvoll tun. Nichts ist wichtiger, wenn ihr zu einer tiefen Erfahrung kommen wollt und wenn ihr dahin gelangen wollt, völlig zu verstehen, worum es bei christlicher Lebenseinstellung geht. Nichts ist dafür wichtiger, als zur Ruhe zu kommen, zur Stille und Disziplin, wohin das Mantra euch führt. Das müssen wir so klar wie möglich erkennen: die Notwendigkeit, jeden Morgen und jeden Abend zu meditieren, und die Notwendigkeit, das Wort, das Mantra zu sagen, von Anfang bis Ende.

Wenn ihr das verstanden habt, dann werdet ihr auch erfahren, daß Meditation sich nicht mit Analyse befaßt. Ihr analysiert eure eigenen Erfahrungen nicht. Weit davon entfernt, irgend etwas mit Analyse zu tun zu haben, befaßt sich Meditation mit der Synthese, d. h. damit, wie man zu vollem Verständnis und zur Erfahrung der Ganzheit der Schöpfung kommt, zum Verständnis der eigenen Ganzheit und dem eigenen Eingeordnetsein in das Gesamtsystem der Schöpfung. In christlicher Sicht führt uns die Erfahrung der Meditation (die nichts zu tun hat mit der Analyse, wodurch die Wirklichkeit in ihre einzelnen Bestandteile aufgebrochen wird) zur Vereinigung, zur Einbindung von allem, was wir sind. Paulus sagt:

> In ihm haben wir die Erlösung durch sein Blut, die Vergebung der Übertretungen nach dem Reichtum seiner Gnade, die er reichlich über uns ergoß durch Mitteilung jeglicher Weisheit und Einsicht. Denn er tat uns kund das Geheimnis seines Willens, so wie es ihm gefiel, so wie er es sich vorgenommen hatte in ihm, zur Verwirklichung der Fülle der Zeiten, nämlich das All in Christus wieder unter ein Haupt zu fassen, das Himmlische und das Irdische.
>
> (Ephes. 1: 7–10)

Das klingt begeisternd, wenn man es hört, aber es sind nur Worte, Inspiration in Worten, wenn ihr nicht die Erfahrung davon macht, wenn ihr euch nicht auf den Weg des Gebets macht, den Weg der Meditation, die die Analyse hinter sich lassen kann, und euer Herz und euren Sinn bereitet für die große Synthese, die sich in Christus ereignet, mit ihm und durch ihn.

In monastischer Tradition führt uns die Meditation nicht zur Analyse der Unterschiede verschiedener Teile der Wirklichkeit, in der wir wohnen. Vielmehr werden wir uns der Übereinstimmung bewußt, zwischen jedem Teil der Schöpfung, so wie er auf Christus ausgerichtet ist. Wir analysieren also nicht, zerteilen nicht, wir kommen zur Synthese, wir vereinen. Und es ist das Mantra, das uns Stufe für Stufe von unseren selbstischen Fixationen, all unserer selbstbezogenen Analyse löst. Wenn ihr erst einmal auf dem Weg seid, werden Aufforderung und frohe Botschaft des Evangeliums, unser Leben aus einer vollständigen Ganzheit zu leben, eine wirkliche Möglichkeit. Ich denke, wenn ihr nur fortfahrt, das Mantra zu sagen, werdet ihr entdecken, daß eure Erfahrung in der Meditation allmählich zu einer Erfahrung in eurem ganzen Leben wird. Anstatt es zu zergliedern und Differenzen festzustellen, geht ihr auf das Leben mit ungeteiltem Herzen zu und reagiert auf die Übereinstimmung.

Die ersten Christen meinten, daß man dazu kommt, dem

Leben mit Liebe zu begegnen, weil das, was man im Herzen findet, das lebendige Prinzip der Liebe ist. Paulus schreibt, wie wir uns in unseren Beziehungen untereinander nach diesem Prinzip richten sollen:

> Ertragt einander und verzeiht einander, wenn einer gegen den anderen eine Beschwerde hat; wie der Herr euch verziehen hat, so sollt auch ihr tun. Über all das aber legt die Liebe an, die das Band der Vollkommenheit ist. Der Friede Christi regiere in euren Herzen; denn zu ihm seid ihr berufen in einem Leibe; und seid dankbar. (Kol. 3: 13–15)

Das ist die neue Lebensauffassung, die uns in der Meditation zuteil wird – Erfüllung, Ganzheit, Vereinigung »in Liebe«. Dann kommen wir zu der Erkenntnis, daß Johannes die größte theologische Aussage machte mit seinem Wort »Gott ist die Liebe«. Es ist das größte Geheimnis des christlichen Glaubens, daß diese Liebe in eurem eigenen Herzen gefunden werden kann, wenn ihr nur ruhig und still sein könnt und wenn ihr nur diese Liebe zum Mittelpunkt all eures Seins und Handelns machen könnt. Das heißt, ihr müßt euch ihr mit ganzem Herzen zuwenden, vollkommen aufmerksam sein. D. h., über sich selbst hinaus gehen in die Wirklichkeit, die unendlich größer ist als du, die dich enthält, und in der jeder von uns einen wesentlichen und einzigartigen Platz hat.

In der christlichen Tradition ist das, was man beim Gebet, bei der Meditation erlebt, eine Erfahrung der Vereinigung, des Einsseins. Es ist eine Erfahrung, die unsere ganze Wahrnehmung der Wirklichkeit verändert. Wir sehen die Wirklichkeit als ein Ganzes, zur Einheit gebracht durch die Grundenergie des Kosmos, die die Kraft der Liebe ist. Das ist die Botschaft der Wahrheit, die uns frei macht.

> In ihm seid auch ihr, nachdem ihr das Wort der Wahrheit, die Heilsbotschaft eurer Erlösung, vernommen und gläubig aufgenommen habt, in ihm (sage ich, seid ihr) mit dem Heiligen Geiste der Verheißung besiegelt worden. Er ist das Angeld unseres Erbes zur Erlösung (seines) Eigentums, zum Lobpreis seiner Herrlichkeit. (Ephes. 1: 13–14)

Das wichtigste, was Christen der Welt verkünden, einem jeden, der Ohren hat zu hören, ist, daß der Geist tatsächlich in unseren Herzen wohnt, daß wir alle auch aus der Fülle der Liebe leben können, wenn wir uns ihm mit voller Aufmerksamkeit zuwenden. Und wir können auch aus der Kraft leben, die das Königreich Gottes ist.

Wir können nur verkünden, was wir wissen. Die tägliche Rückkehr zur Meditation ist wesentlich für dies Wissen, ebenso wie die Disziplin, das Mantra durchzuhalten, von Anfang bis Ende der Meditation. Und laßt euch nicht entmutigen, seid nie niedergeschlagen. Wenn Vereinigung das ist, was wir erstreben, dann müssen wir alle ziemlich bruchstückhaft anfangen. Es erfordert große Geduld und Ausdauer, wenn wir lernen wollen, das Mantra zu sagen. Gebt nicht zu schnell auf. Wenn ihr merkt, daß ihr davon abgewichen seid, kehrt unverzüglich dazu zurück. Ruhe des Körpers und Stille im Geist, das ist unser Ziel. Wir wollen ganz offen werden für die eine Wirklichkeit, die Wirklichkeit, die Liebe ist.

Der Tempel deines Herzens

Wichtig ist, sich der Gefahr bewußt zu sein, die Phantasie und Vorstellungskraft bedeuten, wenn man über Gebet oder Meditation nachzudenken beginnt. Ich glaube, es ist nicht übertrieben, wenn ich behaupte, daß die Einbildungskraft der größte Feind des Gebetes ist. Dieser Eindruck hat sich mir aufgedrängt, als ich kürzlich Menschen begegnete, die mir durch ihre allzu lebendige Phantasie das Wesentliche des Gebets und des christlichen Gebetsverständnisses zu verfehlen scheinen. Die Leute erzählten mir phantastische Geschichten, wie sie nachts in der Kirche beteten und wie Christus plötzlich durch den Gang gekommen sei und zu ihnen gesprochen habe. Und dann, auf meine Frage, wie er denn aussah, sagten sie: »Stattlich, jüdisch, mit wallendem Haar, mit durchbohrendem Blick . . .« usw. Nun, im Augenblick möchte ich nicht die Ernsthaftigkeit dieser Menschen in Frage stellen, die solche Visionen haben, selbst wenn die Visionen oft durch schlecht verdaute Mahlzeiten hervorgerufen werden. Was ich zu bedenken geben möchte, ist die wichtigere Überzeugung der frühen christlichen Kirche, was Wirklichkeit und Gegenwart Christi in uns selbst betrifft. Es ist das die Wirklichkeit und Gegenwart des einwohnenden Geistes. Das Wunderbare im christlichen Leben ist, daß jeder von uns aufgerufen ist, aus dieser Wirklichkeit zu leben, zu leben aus dem ewigen Anteil seines eigenen Seins. Die beiden großen christlichen Worte, die auf dieses Leben aus dem Ewigen hinweisen, sind Meditation und Kontemplation.

Meditation bedeutet in der Mitte ruhen, verwurzelt sein in der Mitte des eigenen Wesens, *Kontemplation* heißt im Tempel sein mit ihm. Der Tempel ist dein eigenes Herz, deine eigene Mitte. Das Wesentliche des Mit-Ihm-Seins ist in der Sicht der frühen Kirche ein absolutes Einssein, ein Einssein mit dem Absoluten. Wir müssen versuchen, der Welt zu verkünden, daß unsere Bestimmung ist, so vergöttlicht zu werden durch dieses Eins-Werden mit dem Geiste Gottes. Vergöttlichung ist etwas, was gänzlich jenseits unseres Vorstellungsvermögens, jenseits unserer eigenen Verstandeskräfte ist. Aber, und hier ist das Geheimnis, von dem das Neue Testament spricht, es ist nicht jenseits unserer Möglichkeit, es in der Liebe zu erfahren. Unsere Fähigkeit zu lieben und in der Liebe zu wurzeln, ist das Wesen der Vergöttlichung.

Wenn Paulus über diese Wirklichkeit spricht, dann betont er ihre Gegenwärtigkeit. Für ihn war es Christus, der uns die Erlösung schon gebracht hat. »Erlösung« ist Befreiung von allen unseren Begrenzungen. Sie ist Befreiung von Bindungen und Sklaverei in die »wunderbare Freiheit und in den Glanz der Kinder Gottes« (Röm. 8:21).

> . . . der uns errettet und in heiliger Berufung aufgerufen hat, nicht aufgrund unserer Werke, sondern aufgrund seines freien Ratschlusses und seiner Gnade, die uns in Christus Jesus vor ewigen Zeiten geschenkt ward, die aber durch die Erscheinung unseres Retters Christus Jesus offenbar geworden ist, der den Tod vernichtet und Leben und Unsterblichkeit ans Licht gebracht hat durch das Evangelium.
>
> (2. Tim. 1: 9–10)

Das Evangelium ist eben diese »frohe Botschaft« unserer Befreiung aus der Sklaverei. Wenn man das in der Sprache unserer Zeit ausdrücken will, dann heißt es: frei sein von unserem Egoismus, von allem, was uns isoliert und begrenzt. Alle diese Einschränkungen werden durch die grenzenlose Liebe Gottes ersetzt. Für diese Wirklichkeit und ihre Gegenwärtigkeit müssen wir in unserem Gebet offen sein. Der Geist Christi, der ein reines Geschenk ist, das Geschenk seines Geistes, ist die Grundlage aller Wirklichkeit. Und die Lebenskunst aller reifen Menschen besteht darin, nicht oberflächlich zu leben, nicht auf der Ebene von Belanglosigkeiten, sondern aus dem, was Christus die inneren Quellwasser des ewigen Lebens genannt hat, die stetig in uns strömen.

Und so lautet die Botschaft des Paulus:

> . . . damit ihre Herzen getröstet werden und sie, geeint in Liebe, zum vollen Reichtum der Fülle der Einsicht gelan-

gen, zur Erkenntnis des Geheimnisses Gottes, in dem alle Schätze der Weisheit und Erkenntnis verborgen sind.

(Kol. 2:2–3)

Dies wird möglich für uns, weil »Christus allein das wahre Haupt der Menschen und Engel ist. Denn in ihm wohnt die ganze Fülle der Gottheit leibhaftig, und ihr seid in ihm erfüllt. Er ist das Haupt jeder Herrschaft und Gewalt«. (Kol. 2:9–10). Deswegen müssen wir in unserem Gebet, das wir so gewissenhaft wie möglich jeden Morgen und Abend meditieren sollen, über alle Vorstellungen, alle Gedanken, selbst heilige Gedanken und Vorstellungen, hinausgehen. Deswegen müssen wir völlig ruhig und ehrfurchtsvoll sein in der Gegenwart des göttlichen Mysteriums, dieser »inneren Quelle«, weil wir eingeladen sind, aus diesem Geheimnis zu leben. Wie Paulus sagt: ». . . . verwurzelt und aufgebaut in ihm, gefestigt im Glauben, so wie ihr unterwiesen worden seid, überströmend von Dank.« (Kol. 2:7)

Wir wollen das klar sehen: So wundervoll diese Botschaft ist, und wenn sie auch berauschend ist, wir müssen uns ihr in aller Einfachheit und Demut nähern. Und deswegen müssen wir lernen, unser Wort mit immer tiefer werdender Hingabe zu sagen. Wir müssen es ohne Erwartung sagen, ohne zu denken, wir könnten Druck auf Gott ausüben oder ihn am Arm nehmen und veranlassen, sich uns auf irgendwelche Art zu offenbaren. Wir machen das Unmittelbarste, was wir tun können, wenn wir unser Leben wirklich aus der Fülle leben wollen, aus seiner unendlichen Tiefe und seinen unendlichen Möglichkeiten.

Wir leben dieses Leben in Vereinigung mit Christus. Das ist das wirkliche Wunder in der Meditation, daß wir uns verlieren, weil wir im Tempel mit ihm sind. In dieser Selbstaufgabe finden wir uns in Christus. Und in ihm wird unser Herz grenzenlos weit durch die Liebe. Wir sind alle zu der Erfahrung aufgerufen, die Paulus inspirierte, folgende Worte an die Kolosser zu schreiben:

Wie ihr also Christus Jesus als den Herrn angenommen habt, so wandelt in ihm: verwurzelt und aufgebaut in ihm, gefestigt im Glauben, so wie ihr unterwiesen worden seid, überströmend von Dank . . . Denn in ihm wohnt die ganze Fülle der Gottheit leibhaftig, und ihr seid in ihm erfüllt. Er ist das Haupt jeder Herrschaft und Gewalt.

(Kol. 2:6–7, 9–10)

In der Mitte wurzeln

Neulich las ich von einem buddhistischen Mönch aus Vietnam, der an einer amerikanischen Universität einen Vortrag gehalten hatte. Am Ende seiner Rede fragte ihn einer der Studenten: »Können Sie uns sagen, welche Meditations-Methode Sie Ihre Anfänger lehren, die zu Ihnen ins Kloster kommen?« Seine Antwort lautete: »In den ersten drei Jahren macht der Novize den Tee für die älteren Mönche.« Ihr könnt verstehen, welche Weisheit darin liegt, besonders in einer Gesellschaft, die nicht von Gedanken an Zeit und Geschwindigkeit beherrscht ist. Aber ich glaube, in unserer Gesellschaft haben wir alle ein stärkeres Gefühl der Notwendigkeit, daß wir *jetzt* etwas tun müssen, um das Geheimnis unserer eigenen Existenz zu verstehen. Während es durchaus weiser sein könnte, drei Jahre damit zuzubringen, nur Tee zu kochen, finden die meisten von uns nicht genug Zeit und wollen sofort anfangen. Dieser Sinn für Dringlichkeit, dem wir im Westen so oft begegnen, kann eine große Kraft für uns bedeuten – wenn wir darauf einwirken. In dem Gespräch heute will ich versuchen, euch etwas von der Weisheit nahezubringen, die dazugehört, wenn man sich in der grundlegenden Frage einig werden will, was der Zweck unseres Daseins ist.

In der Mathematik hat ein Punkt eine Position, aber keine Größe, keinen Umfang. Er hat seinen Platz, und das ist alles, was er hat. Was *wir* zu tun haben, ist, am Mittelpunkt unseres eigenen Seins anzukommen. Das ist der Zweck der Meditation. Die mathematische Idee vom Punkt, der seine Position, aber keine Größe hat, beschreibt unsere Meditation sehr gut. In ihr finden wir unseren Punkt, unsere Position im Kosmos. Und in der christlichen Tradition und Anschauung der Meditation hat jeder von uns seinen einzigartigen Platz. Diesen Platz können wir auf verschiedene Weise beschreiben. Ich will euch nur den Gedanken eingeben, daß wir ihn finden, wenn wir in Gott wurzeln, wurzeln in der Mitte der Schöpfung, von aller Energie und Macht.

Meditation stellt Forderungen an uns. Sie nimmt uns hinein in eine Disziplin. Es genügt nicht, nur Bücher darüber zu lesen oder Vorlesungen darüber zu hören. Man muß üben. In der Praxis, in der Übung wirst du deinen Platz finden. Aber um ihn zu finden, mußt du dich beständig einschränken, verkleinern, bis du nur noch ein Punkt bist. Wir wissen alle, es gibt nichts Schlimmeres, als sich selbst zu wichtig zu nehmen. Nichts ist schlimmer als Selbstsucht. Unser Ziel in der Meditation ist es, unseren Mittelpunkt zu finden; das ist die Erfahrung der Selbstüberschreitung. Wir lassen das Selbst hinter uns, und unser Ego wird kleiner und kleiner, bis wir unseren Platz haben, aber keine Größe.

Zum Mittelpunkt unseres eigenen Seins kommen ist, als ob wir die Öffnung einer Kamera einstellen würden. Wenn wir uns bis auf diesen einen Punkt zurückgenommen haben und wenn wir ganz in Stille sind, dann scheint das Licht in uns, in unsere Herzen. Das ist das Licht Gottes, das Licht, das erleuchtet und unser ganzes Wesen zum Leuchten bringt. Wenn wir einmal diese Punkthaftigkeit und Stille erreicht haben, dann scheint das Licht in unseren Herzen für alle Ewigkeit. Mißversteht mich nicht. Um auf diesem Pfad zu gehen, braucht ihr keine besonderen Eigenschaften oder Talente, außer der ganz normalen Begabung einzusehen, daß wir über diese Selbstwichtigkeit und Selbstbezogenheit hinausgehen müssen. Es braucht keinen großen Scharfsinn, das einzusehen. Wir sollen nicht in Selbstliebe verwurzelt sein, sondern in allumfassender Liebe. Wir werden Persönlichkeiten, nicht für uns, sondern für andere, für alle, für *das* All.

Das Licht, das durch diese Öffnung fällt, ist wie bei einer langen Belichtung; die Kamera muß ganz ruhig sein, und wir müssen lernen, ruhig zu sein. Bevor du anfängst zu meditieren, ist es manchmal gut, etwas Musik zu hören. Musik hilft dir, Worte zu vergessen, Gedanken und Bilder, die wir gerade hatten. Wenn die Musik zu Ende ist, versuch' so ruhig wie möglich zu sein. Sitze so aufrecht wie möglich, schließe die Augen leicht,und dann fang an, dein Wort zu sagen, dein Mantra, »Maranatha«, vier gleichmäßig betonte Silben. Das ist alles, was wir während der 25 oder 30 Minuten unserer Meditation tun müssen. Denkt nicht über Gott nach, versucht nicht, euch Gott vorzustellen, sondern einfach in seiner Gegenwart zu sein. Dazu können wir angefeuert werden durch das, was der Prophet Jesaja sagt: »Ich war zu erfragen für die, die nicht nach mir begehren, ich war zu finden für die, die mich nicht suchten.« (Js. 65:1).Das ist der Weg der Meditation: still sein, auf eines ausgerichtet sein, in Gott verwurzelt sein. So schreibt Paulus an die Römer: »Nicht ihr tragt die Wurzel, sondern die Wurzel trägt euch.« (Röm. 11:18)

Auch das ist der Weg der Meditation: in äußerster Stille sein; demütig und verehrungsvoll in der Gegenwart Gottes. Mach' dir keine Sorgen, wie die Zeit vergeht. Sei nicht enttäuscht, wenn du dich dabei ertappst, daß du deinen eigenen Gedanken folgst, anstatt dein Mantra zu sagen. Kehr' sanft zu ihm zurück, immer wieder. Wenn du lernen willst zu meditieren, wenn du dich auf den Weg hin zu Transzendenz und Sammlung in einem Punkt machen willst, dann ist es wesentlich, daß du lernst, dich jeden Tag deines Lebens, morgens und abends, an die Übung der Meditation zu machen. Die beste Zeit ist eine halbe Stunde, das mindeste sind etwa 20 Minuten. Du wirst herausfinden, daß in der Zeit deiner Meditation nichts passiert. Sag dein Wort, und sei zufrieden, es zu sagen. In der Beharrlichkeit auf dem Weg der Meditation wirst du anfangen, die Wahrheit zu verstehen, in einem Punkt zu sein, in der Mitte zu sein; und aus eigener Erfahrung wirst du anfangen zu verstehen, was Paulus meinte, als er sagte: »Denkt daran: Nicht ihr tragt die Wurzel, sondern die Wurzel trägt euch.«

Den Spiegel zerschlagen

Ich möchte mit einigen Worten von Paulus aus dem Brief an die Kolosser anfangen:

> . . . damit ihr mit aller Kraft gestärkt werdet, entsprechend der Macht seiner Herrlichkeit, zu aller Geduld und Langmut; damit ihr mit Freude dem Vater danket, der uns befähigt hat zur Teilnahme am Erbe der Heiligen im Lichte.
>
> (Kol. 1:11–12)

Wir sollten den außerordentlich positiven und zuversichtlichen Wert der Worte »aller Kraft« beachten. Es geht im Christentum tatsächlich darum: das Leben aus der Fülle dieser Kraft Gottes zu leben, und wie Paulus sagt, mit Seelenstärke. Das heißt, mutig zu leben, weder Schwierigkeiten noch uns selbst oder andere zu fürchten. Und vor allem ohne Angst vor Gott, weil wir ja mit ihm vereinigt sind als unserer höchsten Kraftquelle.

Eines der Mißverständnisse, die die Menschen in bezug auf die Meditation haben, entsteht, wenn man sie als etwas Passives betrachtet. Sie sehen sie oft als eine Art der Ergebung an. Das kommt daher, weil Worte der traditionellen religiösen Sprache oft Worte wie Ergebung, Aufgabe und Selbstvergessenheit gewesen sind. Sie haben wahre Bedeutung, aber wir müssen sie im Licht der Erfahrung von Kraft und Freude verstehen, von der Paulus spricht. Ich möchte euch nahe bringen, daß eine Möglichkeit, zum Verständnis christlicher Erfahrung zu kommen, und der Weg zu dieser Erfahrung nicht so sehr Ergebung oder Aufgabe sind, sondern *Einfühlung* in Gott. Wenn wir versuchen, es zeitgemäßer auszudrücken: es ist wie auf die gleiche Wellenlänge zu kommen. Alle wesentlichen Gedanken von Paulus haben diese Bedeutung von Resonanz auf derselben Wellenlänge mit Christus. Er nennt es Vereinigung mit der Kraftquelle. Was verhindert diese Vereinigung, diesen Zusammenklang?

Das einzige, was es verhindern kann, können wir vielleicht als Selbstbefangenheit beschreiben, als übermäßige Ichbezogenheit. Ich glaube, es ist nicht übertrieben zu sagen, daß Selbstbefangenheit die Ursünde ist, weil sie die Entzweiung des Bewußtseins verursacht. Es ist, als ob ein Spiegel zwischen Gott und uns wäre. Immer, wenn wir in den Spiegel schauen, sehen wir uns selbst. Absicht der Meditation ist, diesen Spiegel zu zerschlagen, so daß wir nicht länger Spiegelbilder betrachten und somit alles verkehrt sehen, einschließlich uns selbst. Das Wesentliche an der Meditation ist, das himmlische Königreich im Sturm zu nehmen. Der Spiegel muß zerschlagen werden. Und Jesus spricht über die Überwindung der Ichbezogenheit, der Selbstbespiegelung, wenn er sagt, niemand könne sein Nachfolger sein, ohne sein Selbst hinter sich zu lassen.

Es braucht nicht viel Lebenserfahrung, um zu merken, daß wir in unserer Ichbezogenheit meinen, das ganze Weltall drehe sich um uns; und um zu der Einsicht zu kommen, daß diese Ichbezogenheit ein erschreckender Zustand sei. Vielleicht ist es das, was die meisten von uns zur Meditation bringt. Wir wollen nicht für den Rest unseres Lebens in den Spiegel schauen und alles von hinten sehen. Wir wollen hindurchschauen, auf die andere Seite und jenseits von uns selbst. Wir wollen mutig und tapfer in das unendliche Geheimnis Gottes schauen. Wenn wir nun anfangen, das erste Abnehmen der Ichbezogenheit zu spüren und in die tiefe Stille der Meditation kommen, dann können wir verwirrt werden und uns fürchten. Wir brauchen dann brüderliche Unterstützung. Deswegen sind unsere regelmäßigen Treffen so wichtig. Wir müssen erkennen, daß Glaube ein Geschenk ist, das uns, wie Paulus sagt, in reicher Fülle gegeben ist, wenn wir uns ihm nur öffnen und beharrlich gegen diesen Spiegel hämmern, bis er ganz zersprungen ist. Wir schlagen gegen ihn mit unserem Mantra.

Meditation ist überhaupt nichts Passives. Sie ist vielmehr ein Zustand des Wachsens, der tiefer werdenden Offenheit gegenüber der Kraftquelle aller Wirklichkeit. Und diese Kraftquelle können wir in Worten allenfalls beschreiben als Gott, der Liebe ist. Das Ziel unseres Lebens und die Herausforderung unseres Lebens sind nichts Geringeres als völlige Vereinigung, völlige Resonanz mit dieser Kraftquelle. Was sind die Früchte eines unbefangenen Lebens? Freude, Liebe, Friede, Selbstbeherrschung, Geduld, Treue – alles das, was Paulus Früchte des Geistes nennt. Das ist ein Seinszustand, in dem wir frei sind für uns selbst, frei, das Geschenk unseres Lebens, ohne Furcht, im Zustand der Gnade und Liebe zu empfangen.

Paulus erwähnt die Geduld in dieser Liste der geistigen Gaben. Jeder von uns muß Geduld lernen, und es gibt keine vornehmere Schule der Geduld als die Bereitschaft, das Mantra Tag für Tag herzusagen, unbekümmert um Fortschritt, unbekümmert um Ergebnisse, aber wissend, daß es nur diesen Pilgerweg gibt. Wenn wir nicht auf dem Pilgerweg sind, dann sind wir nirgendwo. Der Ruf an uns, unsere Bestimmung ist, in Christus zu sein.

In der Meditation geht es um Offenheit für die Kraftfülle Gottes. Sie bringt uns dahin, mit Zuversicht zu erkennen, daß wir allem, was kommen mag, begegnen können, nicht aus der Befangenheit unseres eigenen Bewußtseins, sondern aus *dem* Bewußtsein Christi, aus seinem Bewußtsein von seinem Vater und unserem Vater. Dieses Bewußtsein läßt sich in unseren Herzen, jenseits aller Spiegel, jenseits aller Bilder finden. Und dieses Bewußtsein ist nicht bedrohlich; es ist die sanfte Gewalt Jesu Christi.

Der Weg zum Ewigen

Jeder, der meditiert, wird einmal der Frage gegenüberstehen »Warum meditieren wir?« Ich glaube, keiner von uns würde meditieren, wenn es ihm nicht irgendwann einmal zum Bewußtsein gekommen wäre, es muß doch mehr im Leben geben als Produktion und Konsum. Jeder von uns weiß, wir können keinen dauerhaften, endgültigen Sinn darin finden, nur zu produzieren und zu verbrauchen. Also müssen wir den eigentlichen Sinn suchen. So kommen wir zur Meditation, weil uns ein untrüglicher Instinkt sagt, daß wir letztlich keine Befriedigung im Verbrauchen und Produzieren finden können, und wir können letztlich auch keinen Sinn außerhalb unserer selbst finden. Wir müssen *mit uns selbst anfangen*.

Viele Menschen in unserer Gesellschaft, die mit dem Problem Sein, Lebensweise und Sinn konfrontiert werden, suchen Zuflucht im Vergessen, sie betäuben sich im Rausch. Marx, der unsere Gesellschaft wesentlich beeinflußt hat, sah in der Religion Opium für das Volk. Und wir können uns der Religion wirklich als einer Art schmerzlindernder Möglichkeit zuwenden, um Erleichterung zu finden oder um in einen Zustand von Bewußtlosigkeit versetzt zu werden. Aber christliche Meditation hat nichts zu tun mit Betäubung. Meditation ist der Weg zur Erleuchtung, zum Licht und zum Leben. Christi Botschaft ist etwas Belebendes, Erhellendes, vollkommene Erleuchtung. Der Weg dorthin ist der Weg, auf dem man nur eines im Sinn hat, nicht abgelenkt wird durch vergängliche Dinge, sondern sich immer tiefer dem anvertraut, was dauert, was ewig ist.

Unser eigener Geist ist von Dauer; er ist ewig in Gott. Das ist sehr gut als intellektuelle Einsicht, sogar als religiöse Überzeugung. Aber das Christentum ruft uns, genau so, wie das andere wirklich geistige Lehren tun, dazu auf, selber offen zu sein für den eigenen ewigen Geist, offen zu sein für das eigene Verwurzeltsein im Ewigen, sich auf den Weg zu machen, auf die Pilgerschaft, um teilzuhaben an der Fülle des Lichts und an der Fülle des Sinns. Was ist nun der Weg?

Es ist ein Weg der Armut und Schlichtheit, weil der Weg zur vollen Erkenntnis der Weg des Verlernens ist. Ich möchte euch wieder an den Meditationsweg erinnern. Setzt euch hin, sitzt gerade und ruhig, schließt die Augen und fangt an, euer Wort zu sagen, »*Maranatha«,* sagt das Wort bewußt, aber entspannt, sagt es gewissenhaft und doch heiter, vier Silben, alle gleich lang betont »Ma-ra-na-tha«.

Wir sagen das Wort, weil unser Weg eine Pilgerfahrt über uns hinaus ist, über unsere eigenen Grenzen hinaus. Um über uns hinauszugehen, müssen wir Gedanken und Vorstellungen hinter uns lassen. Das Wort ist der Weg, das Fahrzeug, das uns vorwärts bringt. Die Meditation ist eine Aufforderung, sich der Zucht zu unterwerfen, das Wort zu sagen und es beständig zu sagen, während wir lernen, geduldig zu sein, zu warten. Wir sollen erkennen, daß der Weg vorwärts der Weg in unsere eigene Mitte ist. Der Weg zu dauernden Reichtümern ist ein Weg der Armut. Der Weg zur Erleuchtung ist ein Weg der Dunkelheit. Wir müssen hindurchgehen in immer größerer Disziplin, mit immer größerer Gewissenhaftigkeit.

Aber ihr sollt wissen: der Weg ist einfach. Er ist vollkommen unkompliziert. Der Weg ist sicher. Alles, was erforderlich ist, ist die tägliche Rückkehr zu ihm – ohne Forderungen oder irgendwelche materialistischen Maßstäbe für Erfolg. Nur gewissenhaft sein. Einfach nur Armut im Geist. Jeden Morgen und jeden Abend seine Zeit daran wenden, nicht an das, was vorübergeht, sondern an das, was dauerhaft ist: dein eigener Geist, lebendig und ganz im Lichte Gottes. Wir sind zu Erstaunlichem berufen. Hört, was im 2. Brief an die Thessalonicher geschrieben steht:

> Wir aber schulden Gott allezeit Dank für euch, vom Herrn geliebte Brüder, weil Gott euch von Anfang an zur Rettung erkoren hat durch die heiligende Kraft des Geistes und durch den Glauben an die Wahrheit. Hierzu hat er euch ja durch unser Evangelium berufen, der Herrlichkeit unseres Herrn Jesus Christus teilhaftig zu werden.
>
> (2. Thess. 2:13– 14)

Ursprüngliche Unschuld

Wir haben gerade eines der großen christlichen Feste gefeiert. Das scheint mir eine gute Gelegenheit, unsere eigenen Hingabe zu erneuern. Keiner von uns kann unberührt bleiben, wenn wir z. B. in die Karfreitagsmesse gehen und der Treue und Hingabe Christi begegnen. Keiner kann die Freude des Ostermorgens richtig erleben, das Versprechen, daß die ganze Welt durch die Auferstehung ein neues Leben bekommen hat, ohne in seiner Wesensmitte zu erfahren, daß da neues Leben *ist,* eine Wiedererschaffung um uns herum, zu allen Zeiten. Es ist eine gute Gelegenheit, unsere eigene Hingabe an die Meditation und an das Gebet so zu verstehen, daß sie unserem ganzen Leben Wert verleihen, wenn wir Christus in unserem eigenen Herzen entdecken und Sinn und Zweck des Lebens in unserem Gebet sehen.

Ich möchte versuchen, noch einmal für euch zu definieren oder klarzustellen, worum es in der Meditation geht. Wenn wir uns hinsetzen zum Meditieren und unseren Sinn wegwenden vom Denken und von Vorstellungen, weg vom Denken über uns selbst oder über Gott, dann gehen wir in unsere Wesensmitte ein. Während der Meditation das eine Wort zu sagen, den einen Satz, das Mantra, dies bezweckt, daß ein jeder von uns in seiner Wesensmitte ganz still werden kann.

Jesus ruft uns auf zur Reife. Paulus drängt darauf, daß wir reifen in Christus. Überall in der Natur geschieht das Wachstum von innen nach außen. Das Zentrum liegt dort, wo wir anfangen. Das ist die Erfahrung der Meditation, wenn wir Tag für Tag zu ihr zurückkehren. Es gibt keinen Abkürzungsweg, wir müssen jeden Abend und jeden Morgen meditieren, weil das die zentralste Aktivität in unserem Leben ist. Wir erfahren mit zunehmender Reife, daß wir zu unserem Ursprung zurückkehren, zu unserer Mitte, zu Gott. Johannes vom Kreuz beschreibt das sehr schön, wenn er sagt: »Gott ist das Zentrum meiner Seele.«

Als moderne Männer und Frauen sind wir sehr beeinflußt vom Fortschrittsgedanken. Aber ich glaube, wir müssen verstehen, daß Fortschritt nicht darin besteht, den Ursprung zu verlassen, vielmehr gilt es, alle Kräfte unseres Ursprungs wahrzunehmen, und das tun wir, indem wir zum Ursprung zurückkehren. Alles Gewächs in der Natur, das Beständigkeit hat, muß gründlich verwurzelt sein, und wir sind berufen, ganz in Christus verwurzelt zu sein. Ich glaube, Meditation ist wirklich eine Rückkehr zu unserer ursprünglichen Unschuld. Die Väter beschreiben diesen Weg als »Reinheit des Herzens«. Der Aufruf Christi an jeden von uns ist, unser eigenes Herz zu finden, unverhüllt von Wünschen. Meditation führt uns zu der Klarheit, die von ursprünglicher und ewiger Einfalt kommt. So sind wir einfach zufrieden, mit ihm zu sein, zufrieden, einfach und in kindlicher Weise unser Wort zu sagen, unser eines Wort, von Beginn bis zum Ende unserer Meditation.

Wenn man anfangen will zu meditieren, braucht man nicht mehr als den Entschluß anzufangen. Anzufangen, unsere Wurzeln zu entdecken, anzufangen, zu unserer Quelle zurückzukehren. Und Gott ist unsere Quelle. In der Einfalt der Meditation, jenseits aller Gedanken und Vorstellungen, fangen wir an, in äußerster Klarheit zu entdecken, daß wir in Gott sind; wir fangen an zu verstehen, daß wir in Gott sind, in dem wir leben, uns bewegen und unser Sein haben. Wir versuchen, diese wachsende Bewußtheit, die wir in der Stille und der täglichen Verpflichtung entdecken, als das »ungeteilte Bewußtsein« zu beschreiben. Meditation ist genau der Zustand von Einfalt, der die volle und reife Entwicklung unserer ursprünglichen Unschuld bedeutet. Die heilige Katharina von Genua hat das so ausgedrückt: »Mein Ich ist Gott. Und ich erkenne mich nicht, es sei denn in ihm.« Das Wunder der christlichen Verkündigung ist, daß jeder von uns eingeladen ist zu diesem Zustand einfältiger, liebender Vereinigung mit Gott. Dies zu verkünden und zu erreichen, dafür ist Jesus in die Welt gekommen. Dafür offen zu sein, ist jeder aufgefordert. »Mein Ich ist Gott. Und ich erkenne mich nicht, es sei denn in ihm.«

Und wie wissen wir das? Wir wissen es, weil, wie Paulus es ausgedrückt hat, »wir den Geist Christi besitzen.« (1. Kor. 2:16)

Dieses Paulus-Wort ist einer der außerordentlichsten Sätze der christlichen Offenbarung. Wie ich schon früher gesagt habe: Wenn wir Christen einen Fehler haben, dann ist es unsere Blindheit für die großen Reichtümer, die uns schon gehören, die Jesus für uns erlangt und uns gegeben hat. Wir besitzen den Geist Christi – Christus, der den Vater kennt und uns kennt. Dies in eigener Erfahrung zu finden, dazu sind wir eingeladen – daß wir erkennen, weil wir erkannt sind, daß wir lieben, weil wir geliebt werden. Johannes schreibt:

Und darin eben liegt die Liebe, nicht, daß wir Gott geliebt haben, sondern daß er uns geliebt und daß er seinen Sohn als Sühne für unsere Sünden gesandt hat.   (1. Joh. 4:10)

Alle großen Wahrheiten sind einfach. Wir können sie nur erfahren, wenn wir einfach, einfältig werden. Wenn wir uns hinsetzen zum Meditieren und anfangen, das Wort zu sagen, unser Mantra, dann sind wir auf dem Weg zu dieser Einfachheit. Wir sind auf dem Weg zu der Grundlage, auf der unser ganzes Wesen ruht. Wir sind auf dem Weg der Vereinigung, unserer Vereinigung mit Jesus. Wir sind auf unserem Weg mit ihm zum Vater.

Das war und ist die Eingebung der Paulus-Worte:

Welcher Mensch nämlich weiß, was im Menschen ist, als nur der Geist des Menschen, der in ihm ist? So erkennt auch keiner, was in Gott ist, als nur der Geist Gottes. Wir aber haben nicht den Geist der Welt empfangen, sondern den Geist, der aus Gott stammt, damit wir erkennen, was uns von Gott in Gnaden verliehen ward.   (1. Kor. 2:11–12)

Dazu sind wir aufgerufen, so daß wir persönlich aus eigener Erfahrung all das erkennen, was Gott aus seiner Gnade uns gegeben hat. Der Weg zu dieser Erkenntnis ist der Weg der Treue, der täglichen Treue gegenüber unserer Meditation. Jeden Morgen und jeden Abend unseres Lebens alles beiseite zu lassen, was vergänglich ist und offen zu sein für den ewigen Geist Gottes. Es ist auch der Weg der Treue während der Meditation, gewissenhaft unser Wort zu sagen, unser Mantra, von

Anfang bis Ende, keinen Gedanken zu folgen, keine Sätze oder Wörter auszudenken, und das mit zunehmender Einfalt. Die Kraft, mit der wir das alles tun, ist uns gegeben. Es ist die Kraft der Liebe Jesu. So ruft Paulus einen jeden auf zu erkennen: »Wißt ihr denn nicht, daß ihr Tempel Gottes seid, daß der Geist Gottes in eurem Innern wohnt?« (1. Kor. 3:16). In der Meditation versuchen wir, uns so weit, wie es möglich ist in diesem Leben, für den Geist Gottes zu öffnen, der in uns wohnt.

Einfältigkeit ist Einheit

Wir können immer neue Wege finden, um zu beschreiben, worum es bei der Meditation geht. Aber erinnert euch immer daran, klar im Sinn zu behalten, wie ihr meditiert. D. h., ihr nehmt euer Wort, euer Mantra, und fangt an, es herzusagen, am Anfang der Meditation, und ihr fahrt fort damit während der ganzen Meditation. Ihr dürft nie den Kontakt mit dieser grundlegenden Einfachheit verlieren. Da ist immer die Gefahr, daß ihr beim Denken oder Sprechen über Meditation so viele Superlative verwendet, daß ihr den Kontakt mit der wesentlichen Einfachheit verliert, mit dieser grundlegenden Einfalt, nur das Mantra zu sagen. Darin liegt die Reinigung unseres ganzen Wesens.

Ich möchte versuchen, euch zu beschreiben, was für eine Reinigung das ist, der wir uns unterziehen, wenn wir meditieren. Ich möchte euch nahebringen, daß Meditation einfach ein Weg ist, in eure eigene Mitte zu kommen und in eurer Mitte wach, empfänglich und still zu sein. Das große Problem im Leben vieler Menschen ist, daß sie auf einem unglaublich flachen Niveau leben. Beim Meditieren suchen wir unseren Weg in die Tiefen unseres Seins zu finden. Das Wort »Meditation« kommt vom Lateinischen *meditare,* das die Wurzeln hat *stare in medio:* in der Mitte verweilen. Das Wort »Kontemplation« deutet dasselbe an. Kontemplation bedeutet nicht auf irgend etwas schauen – Gott oder irgendwen sonst. Kontemplation ist ein »Verweilen im Tempel« mit Gott. Der Tempel ist unser Herz, die Tiefe unseres Seins.

Mit dem Meditieren lassen wir das flache Niveau unseres Lebens hinter uns und gelangen in etwas, das Tiefe hat. Beim Meditieren lassen wir die vergänglichen, kurzlebigen Dinge des Lebens hinter uns und treten ein in das, was ewig ist. Das letzte Ziel jeder Religion ist ein *Wiederverbinden,* und es ist dem Wesen nach die Rückbindung mit der eigenen tiefen Mitte. Rückbindung mit der eigenen Mitte ist die Absicht jeder Religion. Wir wissen von der christlichen Offenbarung, daß der Geist Gottes in unserer Mitte, in den Tiefen unseres eigenen Wesens wohnt. Die Wahrheit, die wir in unserer Erfahrung finden, wenn wir uns nur auf den Pilgerweg machen zu diesem heiligen Ort, ist, daß es da nur eine Mitte gibt, und daß diese Mitte überall ist.

Um lebendig zu werden, muß jeder aus eigener Erfahrung erkennen, daß dieser Pilgerweg die höchste Verantwortung unseres Lebens ist. Zur eigenen Mitte zurückzukehren und aus den Tiefen unserer Lebensmöglichkeiten zu leben, das ist oberste Aufgabe eines jeden Lebens, das voll gelebt wird. Dann entdecken wir, daß unsere Rückbindung zur eigenen Mitte uns mit jeder Mitte verbindet. Der wirklich geistige Mensch lernt, zuerst in Harmonie mit sich selbst zu leben und dann in Harmonie mit der ganzen Schöpfung. So können wir sagen: »In der eigenen Mitte ruh'n ist in Gott zu ruh'n.« Oder mit den Worten Jesu: »Das himmlische Königreich ist in euch.« (Luk. 17:21). Wir müssen daran denken, daß dieses Königreich kein Ort, sondern eine Erfahrung ist. Es ist die völlig integrierte und integrierende Erfahrung der wirklichen Kraft Gottes. Und in christlicher Sicht bedeutet es das Wissen, daß diese Kraft Liebe ist.

Johannes vom Kreuz sagt: »Gott ist in der Mitte meiner Seele«, denn in diesem Mittelpunkt finden wir Ruhe, äußerste Stille und den Frieden, der über alles Verstehen hinausgeht. Der Weg, der dahinführt, ist der Weg des Mantras. Wir sollten es stets ausüben. Beim Meditieren versuchen wir, in immer tiefere Einfältigkeit zu gelangen. Wie ich im ersten dieser Vorträge gesagt habe: Der Weg ist ein Weg des Verlernens. Es ist der Weg, auf dem man allen Besitz losläßt. Es ist der Weg der Einfältigkeit. Wir verlernen und machen uns frei, lassen all unsere eigenen Worte und bleiben nur bei unserem Mantra. Das führt uns in die Tiefe. Ihr müßt alle verstehen, daß man nicht gerade nur so ein bißchen meditieren kann. Wenn ihr meditieren wollt, dann müßt ihr das in den Mittelpunkt eures Lebens stellen, und ihr müßt sicher sein, daß alles in eurem Leben in Harmonie ist mit der Harmonie, die ihr in eurem Geist finden werdet. Ihr könnt nicht sozusagen ein Doppelleben führen und nur zur Hälfte ein harmonisch integrierter Mensch sein, auf dem Weg zur Tiefe, zur Erleuchtung und tiefen Lebendigkeit. Ihr müßt einfältig sein, ein Mensch, der sein Einssein im eigenen Leben lebt. Einfachheit ist Einssein.

Die folgenden Worte von Petrus sagen etwas aus, dem alle von uns aufmerksam zuhören sollen, weil das Problem für Menschen unserer Tage beim Meditierenlernen darin liegt, daß sie ihre eigenen Kraftmöglichkeiten genügend beherrschen und daß sie fest daran glauben, daß man aus der Tiefe intensiver leben kann als aus der Flachheit des täglichen Lebens. Diese Worte von Petrus sind ein Aufruf an uns, zu erkennen, wer wir sind, unsere eigene Würde zu erkennen, das Wunder unseres Seins und vor allem unsere eigene Liebens-würdigkeit.

Tretet heran zu ihm, dem lebendigen Stein, der zwar von Menschen verworfen worden, bei Gott aber auserlesen kostbar ist und laßt euch selbst als lebendige Steine aufbauen als geistiges Haus zu einer heiligen Priesterschaft, um geistige Opfer darzubringen, die Gott wohlgefällig sind, durch Jesus Christus . . . Ihr aber seid ein auserwähltes Geschlecht, eine königliche Priesterschaft, ein heiliger Stamm, ein zu eigen erworbenes Volk, auf daß ihr die Großtaten dessen verkündet, der euch aus der Finsternis berufen hat in sein wunderbares Licht.   (1. Petr. 2:4–5, 9)

Jenseits der Technik

Eines der größten Probleme beim Lernen des Meditierens ist, daß es so einfach ist. In der Gesellschaft, in der wir leben, sind wir nicht gewohnt, all unser Vertrauen und unseren Glauben in etwas zu setzen, das sehr, sehr einfach ist. Wir sind erzogen worden, nur komplexen Dingen zu trauen. Deshalb neigen wir auch dazu, an Techniken interessiert zu sein, die dazu gehören, wenn wir an etwas wie die Meditation herangehen. Techniken haben ihren Platz, aber sie sind nicht das erste, worauf ihr den Sinn lenken sollt, wenn ihr Meditieren lernen wollt. Am Anfang ist das wichtigste, daß ihr versteht, wie einfach es ist. Dann erst haltet euch gewissenhaft an die einfache Übung.

Wenn wir anfangen zu meditieren, machen wir uns auf einen Weg, der eine lange Tradition hat. Wir fangen nicht mit etwas ganz Neuem an, zu dem wir die Grundbestandteile eines neu gegründeten Wissensbereiches mitbringen müßten. Wir begeben uns in eine Tradition von Hunderten, ja von Tausenden von Jahren. Wenn wir anfangen, müssen wir bescheiden genug sein, die Tradition anzunehmen. Wir müssen sie vertrauensvoll annehmen. Bei den Benediktinermönchen ist es Tradition, daß du lernen mußt, still zu *sein,* um zu meditieren. Du mußt lernen, absolut still und bewegungslos zu sitzen, und du mußt dich auf eine innere Stille in deinem Geist hinbewegen. Von unserem großen monastischen Lehrer Johannes Cassian (360 bis 430 n. Chr.) haben wir den Weg der Stille übernommen. Über Jahrhunderte hat sich die Tradition erhalten, ein sehr einfaches Wort oder einen Satz zu nehmen und ohne Unterbrechung zu wiederholen. Ich schlage vor, daß ihr das Wort *Ma-ra-na-tha* nehmt. Sagt das Wort so sacht wie möglich. Wendet keine Kraft an. Erstrebt äußerste Genauigkeit. Um Meditieren zu lernen, ist es notwendig, an jedem Tag zu meditieren, morgens und abends, und es ist notwendig, das Mantra von Anfang bis Ende der Meditationszeit zu wiederholen.

Meditation ist der Weg, ganz Gottes gegenwärtig zu werden

und die Fülle des Lebensmysteriums zu verstehen. Die meisten modernen Menschen denken an Gott und an sich wie an ein Problem. Als sei Gott ein Problem, das wir lösen müßten, und unser Leben ein Problem, das wir auch lösen müßten. Und um das Problem zu lösen, braucht man eine entsprechende Technik. Was uns aber die Tradition über die Meditation berichtet, ist, daß Gott kein Problem ist und auch unser Leben kein Problem ist. Gott ist ein Mysterium, und unser eigenes Leben ist ein Mysterium. Einem Geheimnis gegenüber müssen wir das Geheimnis ein Geheimnis sein lassen. Erlaube dem Geheimnis die Fülle seines eigenen Daseins. Erlaube ihm, sich zu offenbaren. Wenn wir meditieren, ist es genau das, was wir tun. Wir erlauben Gott, Gott zu sein. Wir erlauben uns selbst, in seiner Gegenwart zu *sein*. Das ist die außerordentliche Kraft, die aus der Meditation wächst.

In zeitlicher Reihenfolge müssen wir als erstes uns selbst völlig gegenwärtig werden. Deswegen ist absolute Stille der Vernunft und des Geistes erforderlich. Für viele von uns wird es die erste Erfahrung unseres ganzen Wesens sein. Was wir tun, wenn wir meditieren, ist, völlig im gegenwärtigen Augenblick zu sein. Jedesmal, wenn du das Mantra aufsagst, bist du in diesem Moment völlig gegenwärtig. Du denkst nicht an die Vergangenheit, du planst nicht für die Zukunft. Du bist da, vollkommen in diesem Augenblick. Jesus ruft uns immer zu, aufzuwachen. »Kannst du nicht aufwachen? Sei wach.« In der Meditation lernen wir, für die Wirklichkeit unsere Existenz und für die Wirklichkeit Gottes aufzuwachen.

Nichts kann einen mehr verwirren, als zu jemandem zu sprechen, der nur halb zuhört. Neulich hat mir jemand erzählt, daß er mit jemand anderem über das schreckliche Hungerproblem in Teilen Ost-Afrikas gesprochen hätte. Die Unterhaltung fand bei einem Kaffee statt, und als derjenige, der über den Hunger sprach, halb fertig war und eine Pause machte, sagte der Gesprächspartner: »Wie viele Eier hast du in den Kuchen getan? Er ist köstlich.« Das ist ein Beispiel für Frustration, die einen verrückt machen kann, wenn man mit jemandem zusammen ist, der nur halb gegenwärtig ist. Das Evangelium berichtet, wie verbittert Jesus über solche Menschen wurde.

Jesus sagt uns, daß es nichts Schlimmeres gibt, als halbwach (oder halbschlafend) zu sein. Wenn du schläfst, schlafe fest, und wenn du wach bist, komm zur vollen Wachheit. Und das ist es, wohin unsere Meditation uns führt. Wenn wir völlig gegenwärtig in *diesem* Moment werden, in dem Moment, in dem wir unser Mantra sagen, gehen wir in das ewige Jetzt Gottes ein. Die Hauptkritik, die man an den heutigen Christen üben könnte, ist, daß wir so träge waren – und sind – in unserem Verständnis für die reiche, gegenwärtige Herrlichkeit der Aufforderung, ganz offen für Christus zu sein. Paulus schreibt an die Korinther von dieser Aufforderung zum Leben: »Getreu ist Gott, durch den ihr berufen worden seid zur Gemeinschaft seines Sohnes Jesus Christus, unseres Herrn.« (1. Kor. 1:9) Aus der Tradition wissen wir, daß das Leben, die Kraft Gottes und die Macht seiner Liebe in unserem eigenen Herzen gefunden werden können. Um diese Kraft zu finden, müssen wir vollkommen in der Gegenwart sein. Die Tradition berichtet uns auch, daß wir aufgerufen sind, ganz wach für dieses Mysterium zu werden, für dieses Mysterium der Ganzheit. Wir entdecken uns selbst, indem wir uns in dem anderen verlieren, erst dann können wir unseren wesentlichen Platz in dem Gesamtgeheimnis der Wirklichkeit erkennen.

Durch den Einfluß der Philosophien der letzten zwei oder drei Jahrhunderte haben dies die meisten modernen Menschen nur als eine Aufforderung betrachtet, zur Erkenntnis ihres eigenen begrenzten oder individuellen Seins zu kommen. Aber die christliche Tradition erinnert uns daran, daß es um viel mehr geht. Nach ihr geht es darum, unseren Platz zu finden, unseren Einfügungspunkt in eine Wirklichkeit, die unendlich viel größer ist, nicht nur als jeder von uns, sondern auch größer als wir alle zusammen. Wir sind aufgerufen, uns völlig lebendig in dem Geheimnis Gottes zu finden. Was wir tun müssen, ist, einfältig zu werden, ganz demütig, und einfach nur unser Wort zu sagen, ohne Unterbrechung, und alle Gedanken und Vorstellungen während der Zeit der Meditation hinter uns zu lassen. Natürlich gibt es auch Zeiten der Reflexion, der Analyse, aber diese Zeiten sind keine Meditationszeit. Während der Meditationszeit müssen wir lernen, wie kleine Kinder zu sein, von kindlichem Geist, und das bedeutet, damit zufrieden zu sein, unser Wort zu sagen und alle Gedanken, Vorstellungen und Analysen loszulassen.

Wenn wir meditieren, sind wir wie das Auge, das vorwärts in das Geheimnis des Seins schaut, und wie das Auge können wir uns selbst nicht sehen. Aber wir können *sehen,* und unsere Einladung *ist* zu sehen. Der Weg ist der Weg der Meditation, ein Weg der Stille, ein Weg der Einfachheit, der Demut und vor allem der Weg des Mantra. Lernen, das Mantra zu sagen und alles andere auszuschließen. Sag' es, sag' es wieder, lausche ihm. So antworten wir dem Aufruf, der durch »Gott selbst« an uns gerichtet ist: Dankt Gott für all die Reichtümer, die über euch gekommen sind in Christus. In ihm besitzt ihr volle Erkenntnis, und ihr könnt dem vollen Ausdruck geben. Da ist nichts, das euch fehlen würde. »Getreu ist Gott, durch den ihr berufen worden seid zur Gemeinschaft seines Sohnes Jesus Christus, unseres Herrn.« (1. Kor. 1:9)

Der Tod

Eine Frage, die alle Völker zu allen Zeiten und in allen Gegenden bewegt hat, ist die Frage des Todes. Alle Menschen, die eine ernsthafte Auffassung vom Leben haben, sehen den Tod als einen Moment höchster Wichtigkeit für uns alle an. Doch in christlicher Ansicht ist der Tod nicht der allerwichtigste Augenblick unseres Lebens. Wir müssen nur auf das hören, was Christus uns zu sagen hat, und auf das, was die Offenbarungen der frühen Christen uns berichten, und wir müssen uns dementsprechend verhalten. Darüber möchte ich jetzt einige Gedanken äußern.

Für Paulus ist der allerwichtigste Augenblick in unserem Leben der, in dem wir uns ganz für Christus öffnen. Offen sein für seine Kraft, offen sein für seine Herrlichkeit. Dieser Augenblick wird zur Ewigkeit. Nichts, was später eintritt, kann uns im Grunde erschüttern in dem, was er als die Einwurzelung in Christus beschreibt, die aus diesem Augenblick erwächst. Für Paulus ist Jesus die Offenbarung Gottes. Er ist die Offenbarung seiner Herrlichkeit in unserem Herzen. Der Appell des christlichen Lebens ist, weit offen zu sein für diese Herrlichkeit. Der ganze Zweck unseres Lebens ist eine Pilgerfahrt zu diesem Augenblick. Ich habe euch schon oft gesagt, das einzige von letzlicher Bedeutung für uns ist, daß wir auf der Pilgerfahrt *sind*. Der Augenblick der Offenbarung wird uns nach Gottes Zeitmaß gegeben. Wir müssen nur den Weg der Armut, des Gehorsams und der Einfältigkeit gehen. Bereit sein. Die Gefahr im christlichen Leben liegt darin, daß wir schon durch das bloße Wunder der Verkündigung so leicht berauscht werden können und nicht die nötigen praktischen Schritte unternehmen, um uns in die Bereitschaft zu begeben.

Während meines ganzen Lebens bin ich Menschen begegnet, die berauscht waren von der lauteren Schönheit der christlichen Schau. Sie erlebten diese Berauschung jedoch aus einem gewissen Abstand. In das ewige Leben des einen Augenblickes einzugehen, schien ihnen unmöglich. Doch die frühe Kirche verkündet, daß jeder von uns dazu aufgerufen ist, aufgerufen zu der einzigartigen Gelegenheit unseres Lebens. Wir brauchen nicht über unsere »Verpflichtung« zur Anbetung Gottes nachzudenken, wenn wir etwas von dem reinen Gnadengeschenk verstehen, das er uns durch seine Teilhabe an diesem Leben gemacht hat. Selbst wenn wir nur auf die einfachste Weise erkennen, daß Jesus dieses Lebensprinzip in uns ist, dann öffnen wir schon unseren Geist für das Wunder, das Paulus »die Herrlichkeit« und »den Glanz« Gottes nennt.

Ebenso klar geht aus dem Neuen Testament hervor, daß Jesus seinen Auftrag durch völlige Selbstaufgabe erreicht hat, indem er sein Leben in die Hände des Vaters übergab: »Nicht mein Wille, sondern dein Wille geschehe.« Das ist genau der Weg für uns alle. Und es ist genau der Zweck jeder Meditation. Unser Leben verlieren, uns selbst verlieren und völlig absorbiert werden in Gott durch das Bewußtsein Jesu, das in Gott menschlich geworden ist. Das ist es, was dem Tod Bedeutung gibt, weil es dem Leben letztendliche Bedeutung gibt. Meditation ist ein kraftvoller Weg. Vorausgesetzt ist, daß ihr lernen könnt, das Mantra fortwährend zu sagen, weil es der Weg ist, im Gebet das Selbst hinter sich zu lassen, das Leben zu lassen, um in das unendliche Geheimnis Gottes aufgenommen zu werden. Die Leute fragen: »Was erfährt man beim Gebet?« Man erfährt im Gebet, daß man vollkommen über sich hinausgeht, über jegliches Wort hinausgeht, das wir möglicherweise benutzen könnten, um die Erfahrung zu beschreiben. Paulus beschreibt es als das Eingehen in die Herrlichkeit Gottes. Aber wenn wir das Mantra sagen, lassen wir alle Worte hinter uns, weil sie unsere Erfahrung eingrenzen. Mit Worten wird die Erfahrung selbstreflektierend. Die Erfahrung ist unendlich, und kein endliches Wort kann die Erfahrung umfassen. Aber wieder möchte ich es euch nachdrücklich sagen: Der Weg ist ein Weg der Einfachheit, Kindlichkeit. »Wenn ihr nicht wie Kinder werdet . . .«, das bedeutet: wenn ihr nicht in eurem eigenen Herzen die Aufnahmefähigkeit für Wunder wiederfindet, für harmlose Wunder, eine unschuldige, einfältige Harmlosigkeit, die wir alle nur zu leicht und unbedacht verlieren.

Aber wir müssen sie wieder finden. Und der Weg, sie wieder zu finden, ist, in die Stille einzugehen, nur zu sein, offen zu sein für Gottes Herrlichkeit, für das Wunder seines Seins. Deswegen ist unser Mantra von so außerordentlicher Wichtigkeit. Und deshalb ist Tagträumerei so eine schreckliche verpaßte Gelegenheit, solch ein schreckliches Eingekapseltsein in der Zeit. Wo wir doch alle aufgerufen sind zu dem ewigen Augenblick, wenn wir unser Selbst in Gott verlieren.

Hört auf Paulus:

Und darum danken wir auch Gott ohne Unterlaß, daß ihr das von uns gehörte Wort Gottes, das ihr empfingt, nicht als Menschenwort aufgenommen habt, sondern als das, was es in Wahrheit ist, als Gotteswort, das auch in euch, den Gläubigen, wirkt. Denn, Brüder, ihr seid Nachahmer der Gemeinden Gottes geworden, die in Judäa in Christus Jesus bestehen. Habt doch auch ihr das gleiche von euren Landsleuten erlitten wie sie von den Juden.   (2. Thess. 2:13–14)

Diese Worte geben uns eine Vorstellung von dem, was die Einladung eigentlich bedeutet: Heilung im Geist. Heilung im Geist bedeutet, völlig über sich hinausgehoben zu werden in die äußerste Freiheit des Seins, in den Geist Gottes. Und dazu sind wir jetzt aufgerufen.»Das himmlische Königreich ist mitten unter euch.« Wir sind aufgerufen, es auf die zweckmäßigste Weise zu erlangen, nämlich den Tag zu beginnen und das ewige Leben zum obersten Prinzip des Tages zu machen. Es ist ewiges Leben, zu dem wir durch Tod und Sterben endgültig zurückkehren. Die letztlich einzige Tragödie ist ein Leben, das sich nicht für das ewige Leben geöffnet hat. Die letztlich einzige Tragödie ist ein Leben, das stirbt.

Tod und Auferstehung

Der hl. Benedikt hat seinen Mönchen gesagt: »Haltet euch den Tod immer vor Augen.« (Regel d. hl. Benedikt, K. 4) In der modernen Welt sprechen wir nicht viel vom Tod. Aber die ganze christliche Tradition sagt uns, daß wir, wenn wir weise werden wollen, diese Lektion lernen müssen: Hier haben wir »keine dauernde Wohnstatt«. Unser Leben beginnt, entwikkelt sich, reift, und dann müssen wir uns auf das Ende dieses sterblichen Lebens vorbereiten. Die Weisen vergangener Zeiten und der Gegenwart sagen uns, daß wir den Tod vor Augen haben müssen, wenn wir unsere Aufmerksamkeit voll auf das Leben richten wollen. Der Tod ist wichtig, weil er uns an die Zerbrechlichkeit der menschlichen Verfassung erinnert. Unser Wissen davon ist ein beständiges Erinnern an die Vergänglichkeit des Lebens. Das Wissen um den Tod ist die Quelle unseres Mitleids, unserer Verzeihung und Güte, weil der Tod jedem von uns seine eigene Schwäche und Sterblichkeit bewußt macht. Wir können angesichts des Todes edel sein, aber es ist schwer, stolz zu sein. Und so ist der Tod wichtig, weil er uns Mitleid und Demut lehrt. Im mitleidigen und demütigen Herzen erreicht uns die Kraft Gottes. »Wenn ich schwach bin, dann bin ich stark.« (2. Kor. 12:10)

Daß man über den Tod spricht, ist für den weltlich Gesinnten schwer zu verstehen. Oft findet man bei betont weltlich Gesinnten, daß sie viel Phantasie aufwenden, um alle Gedanken an den Tod völlig zu unterdrücken: Sie wollen nicht die Weisheit unserer Sterblichkeit sehen, sie leben in der Traumvorstellung, unsterblich zu sein, jenseits physischer Schwäche. Aber die Bewußtheit unserer körperlichen Zerbrechlichkeit läßt uns auch unsere geistige Schwäche sehen. Das ist die Weisheit der Tradition, in der der hl. Benedikt lehrt. In uns allen liegt ein tiefes Wissen, so tief, daß es oft lange Zeit verschüttet ist, ein Wissen, daß wir in Berührung kommen müssen mit der Fülle und der Quelle des Lebens. Wir müssen in

Kontakt kommen mit Gottes Kraft, und irgendwie müssen wir unsere eigenen zerbrechlichen »irdenen Gefäße« für die ewige Liebe Gottes öffnen, für die Liebe, deren Durst nicht gelöscht werden kann. Wir alle wissen, wenn auch auf dieser tiefen Ebene nur schwach, daß unsere sterblichen Körper dieses neue Leben aus der Liebe brauchen. Und tatsächlich wissen wir, daß es das ist, wofür wir geschaffen wurden. Meditation ist der Weg zum vollen Erwachen auf dieser tiefen Ebene, dann nämlich, wenn wir auf die Grundwahrheit der menschlichen Seinsgegebenheit stoßen, daß jeder von uns geschaffen wurde für eine unendliche Weite des Geistes und des Herzens.

Meditation ist ein Weg, auf dem wir stark werden, unsere eigene Sterblichkeit zu begreifen. Es ist der Weg, unseren eigenen Tod in den Brennpunkt zu bekommen. Das geschieht, weil uns der Weg über unsere eigene Sterblichkeit hinausführt. Es ist der Weg über unseren eigenen Tod hinaus in die Auferstehung zu einem neuen und ewigen Leben, einem Leben, das erwächst aus der Vereinigung mit Gott. Das Wesentliche des christlichen Evangeliums ist die Einladung zu dieser Erfahrung hier und jetzt. Alle von uns sind aufgefordert zum Tod, zum Sterben in unserer Selbstwichtigkeit, unserer Selbstsucht, unseren eigenen Eingrenzungen, unserer eigenen Besonderheit. Zu all dem sind wir aufgerufen, weil Jesus vor uns gestorben und vom Tode auferstanden ist. Wenn wir zum Sterben aufgerufen sind, so ist dies auch ein Aufruf zu neuem Leben, zur Gemeinschaft, zu einem erfüllten Leben ohne Furcht. Ich nehme an, es ist schwierig abzuschätzen, was die Menschen am meisten fürchten – Tod oder Auferstehung. Aber in der Meditation verlieren wir alle Angst, weil wir merken, daß Tod auch Tod für die Furcht bedeutet, und die Auferstehung zu neuem Leben führt.

Jedesmal, wenn wir uns hinsetzen zum Meditieren, betreten wir diese Achse von Tod und Auferstehung. Und das tun wir, weil wir in unserer Meditation über unser eigenes Leben und alle Beschränkungen unseres Lebens hinausgehen in das Geheimnis Gottes hinein. Wir entdecken, jeder in eigener Erfahrung, daß das Geheimnis Gottes das Geheimnis der Liebe ist, unendlicher Liebe – Liebe, die alle Furcht vertreibt. Das ist unsere Auferstehung, unser Aufstieg zu voller Freiheit, die über uns dämmert, wenn wir uns erst einmal klar auf unser Leben, den Tod und die Auferstehung eingestellt haben. Meditation ist der großartige Weg, unser Leben auf die ewige Wirklichkeit, die Gott ist, einzustellen, die ewige Wirklichkeit, die in unserem eigenen Herzen gefunden werden muß. Die Disziplin, das Mantra zu sagen, die Disziplin, sich täglich, morgens und abends, an die Meditation zu machen, hat dieses allerhöchste Ziel – unseren Blick völlig auf Christus einzustellen, mit einer Schärfe des Sehvermögens, die uns selbst und alle Wirklichkeit, so wie sie ist, erkennt.

Hört, was Paulus an die Römer schreibt:

> Denn keiner von uns lebt für sich selbst und keiner stirbt für sich selbst. Denn wenn wir leben, leben wir für den Herrn; und wenn wir sterben, sterben wir für den Herrn. Mögen wir also leben oder sterben, wir gehören dem Herrn. Ist doch Christus gerade deshalb gestorben und wieder lebendig geworden, damit er über Tote und Lebende herrsche.
>
> (Röm. 14:7–9)

Wir meditieren, um in die Bedeutung dieser Worte einzudringen.

Der Geist der Fastenzeit

Beim Wiederlesen von Paulus' erstem Brief an die Thessalonicher, einem der ältesten Schriftstücke der christlichen Litera-
tur, die wir besitzen, war ich wieder einmal betroffen von der
Herausforderung, neue Ausdrücke für das Unaussprechliche
zu finden. Für uns Christen ist es ein großes Problem, daß wir
einen Wortschatz benutzen, der wie eine Währung abgewertet
werden kann. Sätze kommen über unsere Lippen – Glaube,
Hoffnung, Nächstenliebe –, ohne daß wir richtig die Tiefe ihrer Bedeutung verstehen. Die richtige Bedeutung des Wortes
»Glaube« ist wesentlich für ein klares Verständnis der Meditation. Für uns als Menschen und als Christen ist es unbedingt
nötig, wirklich eine Glaubensdimension im Leben zu entwik-
keln, wenn wir reife Menschen werden wollen, ganz echt, ganz
in dem Geschenk unseres eigenen Lebens verwurzelt. Und,
wie ich euch schon gesagt habe, der Weg des Gebets ist ein
Aufruf an jeden, sein Glaubensmaß dadurch zu vertiefen, daß
er den Glauben stärkt an das, was ist.

Bedenkt die Worte von Paulus an die Thessalonicher:

> Ohne Unterlaß denken wir vor Gott, unserem Vater, an
> euer Tun im Glauben und an euer Mühen in der Liebe und
> an euer Harren in der Hoffnung auf unseren Herrn Jesus
> Christus. (1. Thess. 1:2–3)

Christliche Hoffnung ist vor allem höchste Zuversicht, die
uns erwächst, wenn wir einmal angefangen haben, die Gren-
zenlosigkeit von Christi Herrlichkeit, Glanz und Wunder zu
ahnen – Worte, die Paulus ständig gebraucht, um das Unaussprechliche auszudrücken. Ich habe es euch oft nahegelegt:
Glaube muß eine persönliche Haltung sein. Jeder muß die
Verantwortung, diesen Weg selbst zu gehen, auf sich nehmen.
Darum geht es in unserer täglichen Verpflichtung zur Meditation.

Ebenso ist es mit der Hoffnung. Sie ist höchste Zuversicht, die aus unserer Überzeugung erwächst, daß völlige Güte und vollkommene Liebe in unseren Herzen gefunden werden können. So oft können wir entmutigt werden. So oft denken wir von uns selbst, daß wir unwürdig seien, aber in der Übung des Gebets müssen wir überhaupt nicht an uns denken. Wir müssen nicht an unsere eigene Unwürdigkeit denken. Aber wir müssen *erkennen,* mit höchster Klarheit erkennen, daß das Leben Gottes in unsere Herzen ausgegossen wird. Denkt einmal kurz darüber nach, von welch gutem Einfluß wir als kleine Meditationsgruppe, die sich einmal wöchentlich trifft, in der Kirche als ganzer sein könnten, wenn jeder seine eigene Güte verwirklichen und in die Tat umsetzen könnte, und wenn wir wahrnehmen könnten, was Jesus Christus für uns persönlich erreicht hat. Das ist die Aufgabe der Meditation und der besondere Anspruch der Fastenzeit. Fastenzeit ist keine Zeit, sich wichtigtuerisch an die Brust zu schlagen und zu wehklagen, wie sündig wir sind. Fastenzeit ist eine Zeit, sich für die Herrlichkeit Christi, für die Herrlichkeit des Osterfestes vorzubereiten. Und das tun wir nicht, indem wir uns auf unsere Sündhaftigkeit konzentrieren, sondern indem wir uns selbst vergessen und unsere Herzen für Christus öffnen.

In unserer täglichen Meditation gelangen wir zu der Überzeugung, daß Gott sich in Jesus offenbart hat, und daß Jesus sich in unserem Herzen offenbart, wenn wir nur achtgeben, wenn wir nur still sind, wenn wir nur einfältig, demütig und gehorsam sind. Um Gehorsam, Demut und Einfältigkeit zu lernen, sagen wir unser Wort. Unsere Hoffnung liegt in der höchsten Güte Gottes verankert. Und die Hoffnung wird in uns lebendig durch die höchste Güte, die er einem jeden von uns in Jesus gegeben hat. Und das sagt Paulus:

> Wir wissen, von Gott geliebte Brüder, um eure Erwählung. Denn unser Evangelium erging an euch nicht nur in Worten allein, sondern auch in Kraft und im Heiligen Geist und in voller Gewißheit.   (1. Thess. 1:4–5)

Diese Worte deuten auf das hin, was unseren Zeitgenossen not tut. Es fehlt an Männern und Frauen, die nicht religiös bigott sind, nicht intolerant gegenüber anderen religiösen Menschen, die aber stark in der Kraft des Geistes sind und die wissen, daß dieser Geist ein allumfassender Geist der Liebe ist. Wir brauchen Christen, die erkennen, daß wir überhaupt nichts von einer buddhistischen, hinduistischen oder irgendeiner anderen Tradition, die wahrhaft geistig ist, zu befürchten haben. Wir müssen nur lernen, einander im Licht Christi zu sehen. Und das können wir aber nur tun, wenn wir seinem Licht gestatten, nicht nur hell, sondern strahlend in unseren Herzen zu brennen; dazu müssen wir zurückstehen, aus dem Weg gehen, damit das Licht der Liebe, des Mitleids und der Vergebung zum obersten Prinzip unseres Geistes wird.

Paulus fährt fort:

Und ihr seid unsere und des Herrn Nachahmer geworden, indem ihr das Wort annahmt unter vieler Drangsal, mit der Freude, die vom Heiligen Geist ausgeht.   (1. Thess. 1:6)

Meditation ist eine Zeit tiefster Freude. Es ist der Friede, jenseits aller Vernunft, jenseits aller Worte, Begriffe oder Analysen. Ich möchte noch einmal daran erinnern, was dazu gehört.

Zuerst eine tägliche Verpflichtung und Hingabe, die über alles hinausgeht, was wir fühlen. Wir meditieren nicht richtig, wenn wir es nur tun, wenn uns gerade der Sinn danach steht, und wir meditieren nicht richtig, wenn wir es unterlassen, weil uns der Sinn nicht danach steht. Nehmen wir vielmehr die Disziplin der täglichen Meditation an. Dann akzeptieren wir die Disziplin des Wortes oder Mantras, die Wiederholung von Anfang bis Ende. Und all das tun wir um der Herrlichkeit Gottes willen, die in Jesus offenbar wurde. Alles aus der höchsten Überzeugung heraus, daß Jesus der Herr ist, und daß wir fähig sind zu sagen, er ist der Herr, weil er uns den Heiligen Geist gesandt hat.

Die Bedeutung der Stille

Ich habe den Eindruck, daß es unter unseren Zeitgenossen ein Bedürfnis, vielleicht sogar ein sehr dringendes Bedürfnis gibt, die geistige Dimension in unserem Leben wiederzuerlangen. Wir spüren irgendwie, daß wir die Herrschaft über das Leben gänzlich verlieren könnten, wenn wir diese geistige Dimension nicht wiederentdecken. Wenn wir diesem Gefühl begegnen, müssen wir uns vollkommen klar darüber sein, daß eine Bindung an geistige Werte in keiner Weise eine Ablehnung der gewöhnlichen Dinge des Lebens bedeutet. In der Tat trifft das genaue Gegenteil zu. Bindung an die geistige Wirklichkeit ist Bindung an die Wirklichkeit schlechthin, und sie führt dazu, die Wunder des Lebens wirklich zu schätzen. Sie führt dazu, das Außerordentliche des Mysteriums Leben zu verstehen, das innere, verborgene Geheimnis, das dem Leben seine echte Spannung verleiht. Wenn wir auf dem geistigen Weg sind, fangen wir an, unser Leben als eine Entdeckungsreise zu schätzen. Wenn ihr euch mit der Verpflichtung, tiefer in euer inneres, verborgenes Leben einzudringen, auf den Meditationsweg macht, dann wird nach meiner sicheren Erfahrung jeder Tag für euch eine Offenbarung neuer Lebensdimensionen werden und euch zu einem tieferen Verständnis führen.

Um diesen geistigen Weg zu gehen, müssen wir lernen, ganz still zu sein. Es wird eine Reise in tiefe Stille von uns verlangt. Ein Teil des Problems, warum die Religion in unserer Zeit schwach zu sein scheint, liegt darin, daß die Religion Worte für ihre Gebete und Rituale braucht, aber diese Worte müssen mit Bedeutung beladen sein, und sie müssen mit genügend Bedeutung beladen sein, um unsere Herzen anzurühren, um uns auf neue Wege zu verweisen und unser Leben zu ändern. Mit dieser Bedeutung können sie nur beladen sein, wenn sie aus dem Geist entspringen, und der Geist verlangt Ruhe. Wir alle brauchen Worte, aber um sie kraftvoll zu benutzen, müssen wir zuerst in der Stille sein. Wir alle brauchen Religion, alle brauchen wir den Geist. Meditation führt zur Stille, weil sie der Weg *der* Stille ist. Sie ist der Weg des Mantras, des Wortes, das uns in solch eine Stille führt, die schließlich alle Worte mit Bedeutung belädt. Aber wir müssen nicht zu theoretisch dabei sein. Wir alle wissen, daß wir oft einen anderen Menschen am tiefsten in der Stille kennenlernen können. Mit jemandem still zu sein, ist tiefer Ausdruck von Vertrauen und Zutrauen, und wenn wir kein Zutrauen haben, fühlen wir uns gezwungen zu reden. Mit einem anderen Menschen still zu sein, bedeutet wirklich mit dem anderen zu *sein*. Nichts ist geeigneter, gegenseitiges Vertrauen zwischen Menschen aufzubauen, als eine Stille, die voll Ungezwungenheit und schöpferisch ist. Nichts enthüllt Unglaubwürdigkeit dramatischer als Stille, die nicht schöpferisch, sondern zum Fürchten ist.

Ich glaube, wir müssen alle lernen, daß wir Stille nicht schaffen müssen. Die Stille ist da, in uns. Was wir tun müssen, ist, in sie hineingehen, still werden, die Stille selbst werden. Absicht und Herausforderung der Meditation ist, uns zu ermöglichen, so ruhig zu werden, daß die innere Stille hervorgehen kann. Stille ist die Sprache des Geistes.

Die folgenden Worte von Paulus an die Epheser sind erfüllt mit der Kraft der Stille.

> Deshalb beuge ich meine Knie vor dem Vater, von dem jede Vaterschaft im Himmel und auf Erden ihren Namen hat. Er möge euch nach dem Reichtum seiner Herrlichkeit verleihen, daß ihr durch seinen Geist machtvoll erstarket im inneren Menschen, daß Christus in euern Herzen wohne durch den Glauben, daß ihr in Liebe festgewurzelt und festgegründet seid.
> (Ephes. 3:14–17)

Die Worte, die wir gebrauchen, um die christliche Botschaft aus der christlichen Erfahrung zu vermitteln, müssen mit Stärke und Kraft erfüllt sein, aber sie können nur mit Stärke und Kraft erfüllt sein, wenn sie aus der Stille des Geistes im Innern unseres Wesens entspringen. Wenn wir lernen, das Mantra zu sagen und alle anderen Worte, Vorstellungen, Gedanken und Phantasien hinter uns zu lassen, dann lernen wir, in die Gegenwart des Geistes zu kommen, der im Inneren des

Herzens wohnt, der da wohnt in der Liebe. Der Geist Gottes wohnt in unseren Herzen in Stille und in Demut, und vertrauensvoll müssen wir in diese stille Gegenwärtigkeit eintreten. Paulus endet den Absatz an die Epheser mit den Worten: »So könnt ihr die Fülle des Seins, die Fülle Gottes selbst erreichen.« Das ist unsere Bestimmung.

Des Lebens Quelle

Es ist wichtig, Meditation als einen Weg des Wachsens sehen zu lernen, als einen Weg, unsere eigene Bindung ans Leben zu vertiefen und damit als Weg, der zu unserer eigenen Reife führt. Um das zu sehen, ist es von vorrangiger Wichtigkeit für uns, unserem Geist zweierlei zu gestatten: Zunächst den tiefst-möglichen Kontakt mit der Lebensquelle und dann, als Resultat dieses Kontaktes, den Raum, in den er sich ausweiten kann. Wenn wir das nun als Theorie anhören, dann klingt es genauso wie viele andere Worte. Was bedeutet es für uns zu sagen, daß dieser Kontakt mit der Lebensquelle in jedem Leben, das wirklich menschlich ist, einen hohen Vorrang hat?

Jede große geistige Tradition hat gewußt, daß in tiefer Stille der menschliche Geist anfängt, sich seiner eigenen Quelle bewußt zu werden. In der Hindu-Tradition z. B. sprechen die Upanishaden von dem Geist des Einen, der die Welt erschaffen hat und in unseren Herzen wohnt. Derselbe Geist wird beschrieben als das Eine, das in der Stille alles liebt. In unserer eigenen christlichen Tradition spricht Christus von dem Geist, der in unseren Herzen wohnt, und von dem Geist als dem Geist der Liebe. Der innere Kontakt mit der Lebensquelle ist lebenswichtig für uns, weil wir ohne ihn kaum beginnen können, die Kraftquelle zu erkennen, die unser Leben für uns bereit hält. Dieses Kraftpotential läßt uns wachsen, reifen, zur Fülle des Lebens kommen, zur Fülle der Liebe und Weisheit. Die Kenntnis dieser Kraftquelle ist von höchster Bedeutung für jeden von uns. In anderen Worten: wir müssen alle anfangen, das Geheimnis unseres eigenen Seins als das Mysterium des Lebens selbst zu verstehen.

In der Schau, die Jesus verkündet hat, wird jeder aufgefordert, die Heiligkeit seines eigenen Seins und Lebens zu erkennen. Deswegen ist der oben erwähnte zweite Punkt von so großer Bedeutung: nämlich, unserem Geist den Raum zu geben, in den hinein er sich ausbreiten kann. In der Tradition des Meditierens wird dieser Raum für die Ausbreitung des Geistes in der Stille gefunden, und Meditation ist beides, ein *Weg* der Stille und *Hingabe* an die Stille, die in jedem Teil unseres Lebens wächst. Es entsteht eine Stille, die wir nur beschreiben können als die unendliche Stille Gottes, die ewige Stille. Ich bin sicher, ihr werdet selbst erfahren, wie wir in dieser Stille beginnen, die Demut, das Mitleid und das Verstehen zu erlangen, die wir für diese Ausweitung im Geist brauchen. Überall in der Welt fangen heute nachdenkliche Männer und Frauen an, einzusehen, daß geistiges Wachstum, geistige Bewußtheit für unsere Zeit höchsten Vorrang haben. Aber die Frage ist: Wie stellen wir das an? Wie kommen wir auf diesen Weg?

Hier wird die Meditationserfahrung von größter Wichtigkeit für uns – als eine Tradition der geistigen Bindung, die Männer und Frauen über Jahrhunderte eingegangen sind und die noch heute für dich und für mich zugänglich ist. Das einzige, was notwendig ist, um in sie hineinzugelangen, ist, daß wir mit der Übung anfangen müssen. Die Übung ist sehr einfach und einleuchtend. Wir müssen es uns nur etwas Zeit kosten lassen und jeden Morgen und jeden Abend eine bestimmte Zeit daran wenden, uns bereit zu machen für das Ziel, mit der Lebensquelle in Berührung zu kommen und Raum zu schaffen für die Ausdehnung des Geistes. Das zunehmende Vertrauen und die wirkliche Meditationsübung sind beide sehr einfach. Nimm einfach dein Wort, dein Mantra und wiederhole es.

Aber Einfachheit ist eines der größten Probleme für uns moderne Menschen. Wir sind so an Kompliziertheit gewohnt, daß die Unkompliziertheit der Meditation, in der man zufrieden ist, wenn man sein Wort sagt und es im Herzen erklingen läßt, zu einer großen Herausforderung wird. Deswegen muß jeder versuchen, das Wort so getreulich wie möglich und ohne Unterbrechung zu sagen, ob man in der Gemeinschaft oder allein meditiert.

Das Wort, das ich empfohlen habe, das aramäische Wort *Maranatha,* sollt ihr in eurem Herzen sagen, ohne die Lippen zu bewegen. Und ihr sollt so fortfahren vom Anfang bis zum Ende der Meditation. Meditation ist ein Prozeß des Wachstums, des Wachsens in vollere geistige Bewußtheit. Wie alle Prozesse des Wachstums hat sie ihre eigene Geschwindigkeit, ihren eigenen Gang. Sie ist ein organischer Prozeß. Ihr müßt sozusagen das Mantra in euer Herz einwurzeln. Jesus hat so oft von dem Wort des Evangeliums gesprochen, das Wurzel fassen muß in den Herzen der Männer und Frauen, und er sagt uns, daß es in fruchtbaren Boden fallen muß. Mit anderen Worten, euer ganzes Wesen muß in diesen Prozeß einbezogen sein. Ihr laßt das Mantra erklingen, und wenn ihr dies getreulich tut, Tag für Tag, dann faßt es Wurzel in eurem Herzen, und wenn es einmal Wurzel gefaßt hat, dann erblüht es. Es blüht wirklich. Und die Blume der Meditation ist Friede, ein tiefer Friede. Es ist ein Friede, der aus der Harmonie, aus der dynamischen Harmonie erwächst, der ihr begegnet, wenn ihr auf den Grund eures Wesens gelangt. Ihr entdeckt, daß das Mantra in eurem Herzen wurzelt, der Mitte eures Wesens, und euer Wesen ist verwurzelt in Gott, der Mitte allen Seins.

Der Meditationsweg ist sehr einfach. Ihr fragt nicht nach Erfolgen. Ihr schaut nicht aus nach Fortschritt. Ihr wiederholt nur euer Mantra, jeden Morgen und jeden Abend, während der ganzen Zeit der Meditation, und *in dem Prozeß selbst,* in dem ihr euch vergeßt und die Suchlampe des Bewußtseins ausschaltet, da findet ihr euch selbst in Gott. Wenn ihr euch in Gott findet, dann kommt ihr zum Verständnis der *Ist*-heit des Lebens. Ihr fangt an zu sehen, daß euer Leben ein Geschenk ist, das ihr Gott wieder zurückbringt, und die Gabe, die im Geschenk an euch eine endliche war, wird in der Rückgabe an Gott eine unendliche.

Denkt darüber nach und über die Worte im Hebräerbrief:

Darum laßt uns, da wir ein unerschütterliches Reich empfangen, dankbare Gesinnung bezeigen, wodurch wir Gott wohlgefällig dienen mit Ehrfurcht und Scheu.

(Hebr. 12:28)

Die Ehrfurcht gebietende Nähe Gottes führt uns in tiefe Verehrung. Wir müssen nur lernen still zu sein und zu schweigen.

Die Wirklichkeit des Glaubens

In dem Brief an die Hebräer kann man über christliches Verständnis der wahren Natur des Glaubens lesen:

> Es ist aber der Glaube das feste Vertrauen auf das Erhoffte, ein Überzeugtsein von dem, was man nicht sieht. Aufgrund eines solchen (Glaubens) haben ja die Alten ein gutes Zeugnis erhalten. Durch Glauben erkennen wir, daß die Welten durch Gottes Wort gebildet wurden, so daß aus Unsichtbarem das Sichtbare hervorgegangen ist.
>
> (Hebr. 11:1–3)

Ein großes Problem, dem Christen heute gegenüberstehen, ist, daß viele Worte, die wir gebrauchen, um unseren Glauben auszudrücken, uns im Stich lassen. Sie haben nicht mehr die Kraft, die unser Herz bewegt und unser Leben verändert. Eines der Schlüsselworte ist das Wort »Glaube«. Ich meine, die Meditation ist von so großer Wichtigkeit, weil sie uns in die Erfahrung des Glaubens führt. Glaube ist schlechthin Offenheit und Hingabe an die geistige Wirklichkeit, die jenseits von uns selbst ist, und in der wir doch unser Sein haben. In seinem Brief an die frühen Christen riet der heilige Petrus ihnen, »Haltet den Herrn Christus ehrfürchtig im Herzen«, und die Paulinischen Autoren sagen uns im Brief an die Hebräer, daß wir im Glauben das Sichtbare überschreiten und dahin gelangen, wo das Unsichtbare, die geistige Wirklichkeit ist. Diese beiden Einsichten wurzeln in der Gebetserfahrung.

Deswegen ist die Zucht unserer täglichen Hingabe an die Meditation so wichtig. Wenn ihr anfangt zu meditieren und das Gebet in euer Leben einzubauen, dann kann es richtig Spaß machen, dem ersten Ausbruch der geistigen Begeisterung nachzugehen. Aber wenn ihr euch wieder hinsetzen müßt, und Tag für Tag, und wenn ihr lernt, in tiefere Stille und Offenheit zu kommen, dann merkt ihr bald, daß dies mehr und mehr Liebe von eurer Seite verlangt, nicht nur Begeisterung. Die Leute werden euch fragen: »Was macht ihr, still dasitzen, nichts tun?« Fast alle Wertbegriffe in unserer Gesellschaft sprechen gegen diese Art von Glaubensbezeugung, bei der man sich hinsetzt, die Augen vor der sichtbaren Welt verschließt und sie der unsichtbaren Wirklichkeit öffnet. Weiter steht im Hebräerbrief geschrieben:

Wir wollen mit Ausdauer im Wettkampf laufen, der uns obliegt, dabei auf Jesus blickend, den Begründer und Vollender unseres Glaubens.
(Hebr. 12:1–2)

Darum geht es im Glauben: die Augen zu öffnen für die größere Wirklichkeit, die in Jesus geoffenbart ist, der uns den Vater offenbart. Unsere Augen schauen nicht länger uns selbst an. Wenn wir meditieren, befassen wir uns nicht mit uns selbst, unserer eigenen Perfektion oder Weisheit, selbst nicht mit unserer eigenen Glückseligkeit. Unsere Augen sind auf Jesus fixiert, und von ihm empfangen wir alles, buchstäblich alles, was wir brauchen, um das Rennen zu machen, und alles, was wir brauchen, um Licht in unsere Schwierigkeiten zu bringen, welcher Art sie auch seien. Jesus, der um der Freude willen, die vor ihm lag, das Kreuz ertrug, nahm die Schande des Kreuzes leicht, und er sitzt nun zur Rechten auf dem Thron Gottes.

Meditation läßt uns »leichten Herzens« werden, weil wir wissen, daß nur eines wesentlich ist im Leben: Wir müssen völlig offen und in Harmonie mit dem Urheber des Lebens sein, dem *Wort,* durch das wir unser Sein haben, dem eingeborenen Sohn Gottes, unserem Herrn Jesus. Unser Glaube ist Glaube an das, was alle Evangelien »das Reich Gottes« nennen. Das Reich Gottes ist aber nichts anderes als Gottes Kraft, die in unseren Herzen wohnt. Das läßt uns leichten Herzens sein, und darüber herrscht christliche Freude.

Die Kraft Gottes wurzelt unerschütterlich in unseren Herzen. Nichts, keine Macht, keine Herrschaft, kein Prozeß kann diesen verwurzelten Glauben lösen. Das Königreich, das uns gegeben wurde, ist unerschütterlich. Als Christen müssen wir fähig sein, dieses Königreich und diesen Glauben mitzuteilen. Aber das können wir nur tun, wenn die Wirklichkeit dieses

Königreiches uns nicht nur irgendwie bekannt ist, sondern eingebettet ist im Grund unseres Wesens. Ihr wißt, beim Meditieren müßt ihr ganz still und tief aufmerksam sein für die geistige Wirklichkeit. Beim Meditieren lernen wir zu unterscheiden, was vergänglich und was von Dauer ist. Wir lernen unterscheiden zwischen Zeit und Ewigkeit, und die wunderbare, befreiende Erfahrung des Gebets liegt darin, daß wir von der Zeit befreit werden und daß wir so tief in den gegenwärtigen Augenblick des Königreiches eingefügt werden, daß wir einen Schimmer vom ewigen *Jetzt* Gottes bekommen.

> So laß uns denn, weil wir ein unerschütterliches Reich in Aussicht haben, jetzt unsere Dankbarkeit dadurch bezeugen, daß wir in Scheu und Ehrfurcht Gott wohlgefällig dienen, denn unser Gott ist ein verzehrendes Feuer.
>
> (Hebr. 12:28–29)

Wieder verkündet der Hebräerbrief aufs herrlichste, worum es bei der christlichen Aufforderung geht: sie bedeutet verehren, sich verbeugen, sich niederbeugen im Geist vor dem Ewigen, dem Geistigen, der Wirklichkeit, die Gott ist. Tief in unserem Herzen, tief im Geist müssen wir alle diese Verehrung und Ehrfurcht finden und erfahren. Die einfache Übung unseres wiederholten Wortes bringt uns diese Einfalt, die nötige Armut im Geist. Der Autor der »Wolke des Nichtwissens« spricht von der Meditation als einer Übung, die die Wurzel der Sünde in uns löst. Wenn ihr das Wort sagt, beim Meditieren, morgens und abends, dann löst sich die Wurzel des Ego in euch. Wir brauchen alle, daß diese Wurzel lose wird, damit wir in Christus verwurzelt und begründet werden.

So steht im Hebräerbrief:

> Ihr seid nicht zu einem Berge, den man berühren kann, hinzugetreten, zu einer Feuerflamme, zu Dunkel, Finsternis, Gewittersturm . . . Nein, ihr seid zum Berge Zion, zu der Stadt des lebendigen Gottes hinzugetreten . . . und zu Jesus, dem Bürgen des Neuen Bundes. (Hebr. 12:18, 22, 24)

Wenn ihr euch daranmacht zu meditieren, dann hört nur auf diesen Ruf zum Glauben aus dem Hebräerbrief. Laßt uns durch unsere tiefe Stille und Ruhe zu dieser Verehrung und Ehrfurcht geführt werden, um zu erkennen, daß wir in der Gegenwart des Herrn Jesus sind, des Vermittlers des Neuen Bundes, des Vermittlers der Liebe.

Die Ganzheit Gottes

In diesen Gesprächen versuchen wir immer wieder einen neuen Aufbruch. Es wird nicht in jedem Gespräch etwas Neues gesagt, aber es ist mein Anliegen, in jedem dieser Gespräche, der Mitte des Geheimnisses sicher und Schritt für Schritt näher zu kommen. Meditation ist immer eine Rückkehr zu unserem Anfang, der unsere Mitte und unsere Quelle ist. Jedesmal, wenn wir uns hinsetzen zum Meditieren, morgens und abends, dann beabsichtigen wir damit, den Grund zu klären, sodaß die Energie der Mitte frei strahlen und überall hindringen kann. Es droht uns bloß eine große Gefahr, und das sind unsere Ablenkungen.

Wir alle wissen aus trauriger Erfahrung, daß wir so leicht abgelenkt werden. Gottes Liebe ist uns so großzügig, reichlich und allumfassend gegeben. Gottes Liebe fließt in unseren Herzen in einem mächtigen Strom. Aber wie Martha in der Geschichte aus dem Evangelium sind wir alle beschäftigt mit so vielen Dingen. Wir müssen folgendes lernen, und es ist absolut nötig, daß wir das lernen: nur Eines ist nötig, weil nur Eines *ist*. Wir müssen uns also alle an unseren eigenen Disziplinmangel wenden. Wir müssen unseren ruhelosen Geist zur Stille bringen. Es ist eine der ersten großen Lektionen auf dem Weg der Demut, wenn wir verstehen, daß wir nur durch die Gnade Gottes zur Weisheit und Stille kommen und über alle Ablenkungen hinausgehen können. Sein Gebet ist ein Geschenk an uns, und alles, was wir tun müssen, ist, unser Selbst loszulassen, ledig von allem zu werden. Das jedoch können wir tun, wenn wir still werden. Stille ist die wesentliche menschliche Antwort auf das Geheimnis Gottes, auf die Unendlichkeit Gottes. Wir lernen still zu werden, wenn wir zufrieden sind, unser Mantra in demütiger Treue zu sagen.

Es ist, als wäre das Geheimnis Gottes ein wundervoller, reich facettierter Diamant. Wenn wir über Gott sprechen oder an ihn denken, dann ist das so, als ob wir der einen oder anderen Facette antworten, wenn wir aber still sind, d. h. in seiner Gegenwart, dann antworten wir dem Geheimnis, das wir Gott nennen *als einem Ganzen,* und wir tun es mit allen Dimensionen. Unser ganzes Wesen antwortet der Gesamtheit von Gottes Geheimnis, das ist das Wunderbare. Es ist nicht nur unser Intellekt, es sind nicht nur unsere Emotionen, unsere »religiöse« Seite oder die weltliche. Alles, was wir sind, antwortet allem, was er ist, in absoluter Harmonie, absoluter Liebe. Das ist die Erfahrung des Christus-Gebets. Eine Ganzheit. Das Wesen der Ganzheit finden wir in der Vereinigung mit ihm, der das Eine ist.

Wie ist das möglich? Es wird möglich durch die eingeborene Wirklichkeit, welche Jesus ist. Gott ist voll geoffenbart in Jesus. Voll gegenwärtig in Jesus. Jesu Liebe hat uns mit ihm eins werden lassen. Wenn wir uns in der Stille dieser Wirklichkeit öffnen, werden wir offen für die Wunder der Wirklichkeit Gottes. Deswegen wird der Weg des Gebets ein Weg zunehmend tieferer und reicherer Stille. Es reicht nicht, nur über Stille nachzudenken oder über Stille zu sprechen, wir müssen sie umarmen! Um diese Stille zu lernen, offen zu werden für ihre Gnade, müssen wir unser Mantra sprechen. Unsere regelmäßigen Meditationszeiten lassen uns eintauchen in diese Stille, und wir kehren aus der Stille erfrischt und erneuert zurück, wiedergetauft in der Kraft des Geistes. Ich sage es immer wieder, was jeder in seinem Gebet entdeckt, nämlich einfach in seiner Gegenwart zu *sein,* das ist genug. In dieser Gegenwart werden wir geheilt. In dieser Gegenwart finden wir den Mut, unser Leben durch ihn, mit ihm und für ihn zu leben. Wenn wir anfangen, uns dieser Kraft zu öffnen, dann wird alles in unserem Leben mit Bedeutung erfüllt. Die Bedeutung kommt aus der Stille. All unser Sprechen, unser Leben und Lieben erhält Bedeutung durch diese Stille und fließt in sie zurück.

Die Leute fragen oft: »Wie ist die Erfahrung des Gebets, wie ist sie wirklich?« Damit wollen sie sagen: »Was geht vor dabei?« Wie ist sie? Sie ist wie Stille. Und was passiert? In der Stille – Friede. In der Stille – Gegenwart. Und tiefere Stille. Der Weg in diese Stille erfordert große Geduld, große Treue, und in der Tradition unserer Meditation müssen wir lernen, das Mantra zu sagen. Wie Johannes Cassian gesagt hat: Das Mantra enthält alles, was der menschliche Geist ausdrücken kann, und alles, was das menschliche Herz fühlen kann. Das kleine Wort trägt und führt uns in die Stille, die eine Stille schöpferischer Energie ist. Wie lang wir dafür brauchen, darum sollen wir uns nicht sorgen. »Für den Herrn sind tausend Jahre wie ein Tag.« Das einzig Wichtige ist, daß wir auf dem Weg sind, und damit meine ich die Schlichtheit, die Einfalt unserer täglichen Meditation, jeden Morgen, jeden Abend.

Das Wunder des Weges hat Paulus im Römerbrief mit folgenden Worten ausgedrückt:

Ich ermahne euch also, Brüder, bei den Erbarmungen Gottes, daß ihr eure Leiber als ein lebendiges, heiliges, Gott wohlgefälliges Opfer darbringt, als euren geistigen Gottesdienst. Paßt euch nicht dieser Weltzeit an, sondern gestaltet euch um durch die Erneuerung des Geistes, damit ihr prüft, was der Wille Gottes, das Gute, Wohlgefällige und Vollkommene ist. (Röm. 12:1–2)

Über das Selbst-Sein

Die beiden wesentlichen Fragen über Meditation, die wir betrachten müssen, sind erstens: Warum sollen wir meditieren? Und zweitens: Wie meditiert man? In unseren einführenden Abendgesprächen für die Gruppen kümmern wir uns nicht so sehr um die Frage »Warum sollen wir meditieren?«, sondern um das »Wie sollst du meditieren?« Was die erste Frage betrifft, so ist es meine aufrichtige Überzeugung, daß Meditation eine Dimension unglaublichen Reichtums in unser Leben bringen kann. Ich wollte, ich hätte die Überzeugungskraft und die Beredsamkeit, um jeden von der Wichtigkeit der Meditation zu überzeugen.

Wesentlich ist, daß du dabei du selbst sein kannst. Wenn du meditierst, mußt du dich nicht entschuldigen dafür, daß du da bist, du mußt dich niemandem angenehm machen, du mußt keine Rolle spielen. Eine Rolle, vor der wir uns sehr in acht nehmen müssen, ist jede Art spiritueller Rolle (»ich komme jetzt zu meiner heiligen Handlung«). Du sollst lediglich still sitzen. In dieser Stille wächst in dir die Erkenntnis, daß du nur du selbst sein kannst, daß du nur du selbst werden kannst, so wie du als Mensch erschaffen bist zu sein, wenn du bereit bist, dich selbst zu verlieren. Jeder von uns kann sich selbst nur im anderen finden – das ist die Wahrheit, die ihr erfahren könnt. Noch so viel Selbstanalyse oder Selbstprüfung wird euch niemals enthüllen, wer ihr seid. Aber wenn ihr den Brennpunkt der Aufmerksamkeit von euch fort und nach vorwärts richtet, dann werdet ihr das andere entdecken, und indem ihr *euer anderes* entdeckt, entdeckt ihr *euch selbst*.

Das *andere* ist der Grund allen Seins, das andere nennen wir Gott, höchste Weisheit, höchstes Wesen, höchste Liebe. Der Name ist nicht wichtig. In der Meditation und ihrer Stille, ihrer völligen Stille, gehen wir über alle Namen hinaus in die Wirklichkeit.

Jetzt aber will ich wiederholen, *wie* wir meditieren. Es ist nötig, es immer wieder zu wiederholen, weil meditieren so einfach ist. Uns selbstbewußt komplexen Menschen des Westens fällt es schwer zu glauben und zu akzeptieren, daß etwas so Einfaches so wirkungsvoll sein könnte. Also, ich wiederhole, wenn ihr meditieren wollt, müßt ihr lernen still zu sitzen und innerlich, im Herzen, im Geist, ein Wort oder einen Satz zu wiederholen. Das Wort, das ich empfohlen habe, kommt aus dem Aramäischen und heißt »Ma-ra-na-tha«, vier gleichmäßig betonte Silben. Das ist alles, was man zum Meditieren braucht. Ich habe vor etwa 30 Jahren angefangen zu meditieren, und mein Lehrer pflegte damals immer, wenn ich ihm eine Frage über Meditation stellte, zu sagen: »Sag' dein Mantra, sag' dein Wort«. Je mehr ich im Lauf der Jahre meditiert habe, desto mehr habe ich die ganze Weisheit von dem verstanden, was er mich gelehrt hat. Wenn ihr lernen könnt, nur euer Wort zu sagen, es gewissenhaft zu wiederholen während 20 oder 25 Minuten oder einer halben Stunde, dann werdet ihr schließlich losgelöst werden von euren Ideen, Plänen, Worten, Gedanken, all dem Mischmasch von Ablenkungen, der sich in eurem Kopf die meiste Zeit über abspielt, und mit Geduld und Treue werdet ihr zur Klarheit des Bewußtseins kommen.

Jetzt wollen wir uns mit einigen praktischen Fragen beschäftigen: Was sollst du tun, wenn du dich beim Sitzen sehr nervös fühlst oder wenn du anfängst, Farben zu sehen, Geräusche zu hören, oder was auch immer für Erscheinungen – alle vermutlich Symptome von Spannungen. Eine sehr einfache Entspannungsübung ist, sich flach auf den Rücken zu legen. Laß dir Zeit, das ganze Gewicht deines Körpers an den Boden abzugeben, atme dann ganz tief in das Zwerchfell, bewege den Brustkorb nicht und halte den Atem am Zwerchfell 5 oder 6 Sekunden lang, dann atme durch den Mund aus. Tue das ungefähr zehnmal, dann setze dich auf und meditiere gleich oder etwas später weiter. Das wirst du als sehr entspannende Übung empfinden. Auch als Vorbereitung auf die Meditation kann eine solche Übung sehr nützlich sein, denn wir sind ja den größten Teil des Tages in ziemlicher Spannung. Wir müssen durch den Verkehr fahren, sind im Beruf eingespannt oder haben Familienprobleme, und das alles bringt uns ganz schön in Spannung. Wenn ihr aber dann Fortschritte beim Meditieren macht, dann wird euch die Meditation selbst in immer tiefere Entspannung bringen, und es wird euch wahrscheinlich gelingen, direkt von der Arbeit oder anderen Aktivitäten zur Meditation zu kommen und gleich ganz entspannt zu werden.

Der andere Punkt, den ihr als Anfänger beachten müßt, ist der: Was ihr auch während der Meditation erleben mögt, ob ihr Farben seht, Töne hört oder Visionen habt, nehmt als allgemeinen Grundsatz, daß das alles völlig unwichtig ist. Es hat keinerlei wirkliche Bedeutung, außer, daß ihr vielleicht ein bißchen entspannter sein müßt, bevor ihr anfangt. Ihr müßt lernen zu meditieren, ohne irgend etwas zu erwarten. Viele von uns im Westen hoffen, wenn sie mit der Meditation beginnen, daß sie Visionen haben werden, eine tiefere Lebenseinsicht, Weisheit oder Wissen erlangen werden. Ihr müßt euch aber absolut frei und geistig arm ans Meditieren machen, d. h. ohne Forderungen oder Erwartungen irgendwelcher Art – außer einer Überzeugung, die ihr im Lauf der Meditation selbst gewinnt, nämlich daß es das ist, wofür wir erschaffen wurden. Dafür wurde jeder, der dies Buch liest, erschaffen – zu sein und in Beziehung zu unserem Schöpfer zu sein.

Das ist die Grundbeziehung unserer Existenz: Geschöpf und Schöpfer. In der Meditation gehst du ein in die Harmonie dieser Beziehung. Du bringst dich in Harmonie mit dem Schöpfer, und die Harmonie, die du in dir selbst findest, beginnst du überall zu entdecken. Das ist eine Frucht der Meditation. Der geistige Mensch ist einer, der in Harmonie ist mit jedem, den er trifft. Du begegnest dem anderen nicht auf einer Ebene der Konkurrenz oder indem du ihm ein Bild von dir projizierst, so wie du sein könntest, oder wie du gern sein möchtest, oder wie du denkst, daß du sein solltest. Nein, du fängst an, dem anderen zu begegnen, so wie du bist, als ein Mensch, der sich wohl fühlt und sein eigenes Wesen annimmt. Und du nimmst es an, weil dir in der Stille der Meditation die Erkenntnis zuteil wird, daß du angenommen bist. Es dreht sich nicht darum, daß du annehmbar bist, weil du alles richtig gemacht hast. Wenn du anfängst, die Grundbeziehung Geschöpf–Schöpfer zu erkunden, dann entdeckst du, daß du angenommen bist. In christlicher Sicht der Meditation entdeckst du sogar noch mehr. In der Stille findest du, daß du geliebt wirst, daß du liebenswert bist. Diese Entdeckung muß jeder in seinem Leben machen, wenn er völlig er selbst werden will, völlig menschlich.

In der Schau, die Jesus verkündet hat, fangt ihr an zu wissen, was Johannes meinte, als er sagte: »Gott ist Liebe«. Das Außerordentliche ist – und das möchte ich gern vermitteln, jedem, den ich treffe, mitteilen –, daß diese Liebe in eurem eigenen Herzen gefunden werden kann. Jeder von euch, wenn er nur zu der Stille kommt, wird sie finden. Wenn ihr nur in den Raum in euch selbst gelangen könnt, wo ihr entdeckt, daß ihr diese reine Luft der Liebe atmet.

Wir gehen zurück zur ersten Frage: Warum soll man meditieren? Wir meditieren, um zu dem zu gelangen, was man vielleicht am besten als volle Freiheit im Geist beschreiben kann. In der Meditation seid ihr vollkommen ungezwungen. Ihr seid in keiner Weise irgendeinem Bild oder einer Idee versklavt, weil ihr jenseits aller Bilder und Ideen seid, in einem Zustand, wo ihr völlige Freiheit habt, ihr selbst zu sein. Ihr habt die Freiheit, weil ihr eins seid mit dem Einen, der ist. Wenn ihr das Buch hinlegt und euch fragt »Worum geht es wirklich bei der Meditation?«, dann sagt euch: »Es geht um Sein. Um Seinshaftigkeit. Er ist. Ich bin.« Ich könnte das eine oder das andere sagen, aber in der Erfahrung der Meditation geht es letztlich um *Sein.*

Jetzt möchte ich euch wieder erinnern. Wir meditieren zunächst für etwa 25 Minuten. Dabei ist es wichtig, daß ihr so ruhig wie möglich seid. Es ist keine schwierige Aufgabe. Wenn ihr euch unbedingt bewegen müßt, dann fürchtet nicht, daß ihr damit alles zerstört. Aber lernt mit der Zeit, so ruhig wie möglich zu sitzen, weil es in der Meditation um eine Einheit von Körper und Geist und um eine Stille des Körpers und des Geistes geht. Wenn ihr also anfangt, nehmt euch einen Augenblick Zeit, bis ihr die richtige und gelöste Haltung gefunden habt. Dann fangt an, das Mantra zu sagen. Denkt über nichts nach. Fragt euch nicht »Warum mache ich das? Profitiere ich etwas davon?« Gebt keinem Gedanken nach. Sagt nur das Wort und hört auf es. Wenn ihr lernen wollt zu meditieren, dann ist es mein innigster Wunsch, daß ihr jeden Tag in eurem

Leben, morgens und abends, je ein Minimum von 20 Minuten meditiert. Die ideale Zeit ist wahrscheinlich 30 Minuten. Wenn ihr das für den Anfang zu lang findet, fangt mit 20 Minuten an und steigert die Zeit nach und nach auf 30 Minuten. Die ideale Meditationszeit ist vor dem Frühstück und vor dem Abendessen. Der Meditationsort sollte ruhig und, wenn möglich, immer der gleiche sein.

Jetzt wendet eure Aufmerksamkeit auf einen Absatz aus einem Paulusbrief an die Kolosser! Er spricht darüber, was Jesus für uns tun will, wenn wir wirklich offen für ihn sind:

> . . . damit ihr mit aller Kraft gestärkt werdet, entsprechend der Macht seiner Herrlichkeit, zu aller Geduld und Langmut; damit ihr mit Freude dem Vater danket, der uns befähigt hat zur Teilnahme am Erbe der Heiligen im Lichte.
>
> (Kol. 1:11–12)

Die Meditation hat mit Erleuchtung zu tun, weil es dabei darum geht, in das Licht Gottes zu kommen. Das ist die Grundbeziehung: Schöpfer und Geschöpf. Und der Schöpfer gibt jedem von uns das Licht, damit wir wir selbst werden.

Raum für das Sein

Paulus schreibt an die Thessalonicher:

> Wir aber schulden Gott allezeit Dank für euch, vom Herrn
> geliebte Brüder, weil Gott euch von Anfang an zur Rettung
> erkoren hat durch die heiligende Kraft des Geistes und
> durch den Glauben an die Wahrheit.   (2. Thess. 2:13)

Ich glaube, jeden von uns beschäftigt die Frage der Selbsterkenntnis: Wie kann ich mich erkennen, wie verstehen? Ein
Weg in diese Richtung, der von unserer Gesellschaft gern eingeschlagen wird, ist die Erfahrung. Man wird angehalten, mit
der eigenen Erfahrung zu experimentieren. Dazu möchte ich
sagen, Erfahrung ist nur nützlich und gibt uns nur Information, wenn wir fähig sind, sie angemessen zu verwerten. Wir
wissen aus eigener Vergangenheit, daß man oft eine Erfahrung macht, aber man erkennt die Bedeutung dieser Erfahrung nicht richtig.

Unsere monastische Tradition lehrt uns, daß wir in Kontakt
mit unserer eigenen Mitte kommen müssen, wenn wir uns
selbst verstehen und erkennen wollen, wer wir sind. Wir müssen mit dem Grund unseres Seins in Berührung kommen, dort,
wo die Mitte ist. Ohne daß dieser Prozeß im Gang ist, bleibt
unsere Erfahrung flach. Immer mehr Menschen in unserer Gesellschaft fangen an einzusehen, daß beide, unsere persönlichen Probleme und die Probleme, denen man in der Gesellschaft begegnet, im Grund genommen geistiger Natur sind.
Und immer mehr Menschen in dieser Welt verstehen, daß der
menschliche Geist keine Erfüllung im bloßen materiellen Erfolg oder materiellen Reichtum finden kann. Nicht, daß materieller Erfolg und Reichtum an sich schlecht wären, aber sie
sind einfach keine endgültige, letzte Antwort auf unsere
menschliche Situation.

So viele Männer und Frauen machen die Beobachtung, daß

sie infolge des Materialismus, in dem wir leben, geistig erstikken, und ein guter Teil der Frustration unserer Zeit beruht auf dem Gefühl, daß wir für etwas Besseres erschaffen wurden, etwas Ernsthafteres, als nur gerade von Tag zu Tag zu überleben. Um zu wissen, wer wir sind, um uns zu verstehen und fähig zu sein, uns an die Lösung unserer Probleme zu machen, um uns selbst und unsere Probleme in den richtigen Blickwinkel zu bekommen, müssen wir einfach in Berührung mit unserem Geist kommen. Alles Selbstverständnis erwächst daraus, daß wir uns als geistige Wesen verstehen, und es ist allein der Kontakt mit dem allumfassenden Heiligen Geist, der uns die Tiefe und Weite geben kann, unsere eigene Erfahrung richtig zu verstehen. Der Weg ist nicht schwer. Er ist sehr einfach. Aber er verlangt ernsthafte Hingabe und ernsthafte Einbezogenheit in unsere eigene Existenz.

Die wunderbare Offenbarung, die uns allen zuteil wird, wenn wir uns nur mit Disziplin auf den Weg machen, ist, daß unser Geist in Gott wurzelt, und daß jeder eine ewige Bestimmung hat, ewige Bedeutung und Wichtigkeit. Wir müssen diese Grundentdeckung machen, daß unsere Natur unendliche Entwicklungsmöglichkeiten hat, und daß Entwicklung nur stattfinden kann, wenn wir uns auf den Pilgerweg zu unserer eigenen Mitte machen. Unsere Mitte ist unser eigenes Herz, und nur dort in der Tiefe unseres eigenen Wesens können wir entdecken, wie wir in Gott verwurzelt sind. Meditation ist genau der Weg, mit dem eigenen Geist in Berührung zu kommen, und in dieser Berührung erfahren wir die Integration, erfahren wir, wie all unser Erleben zur Harmonie kommt, unser ganzes Erleben auf Gott hin beurteilt und ausgerichtet wird.

Der Meditationsweg ist sehr einfach. Alles, was wir tun müssen, ist, in Körper und Geist so still wie möglich zu sein. Die Körperruhe erlangen wir beim Stillsitzen. Nimm dir also jedesmal, wenn du anfängst zu meditieren, ein paar Momente Zeit, bis du eine angenehme Haltung eingenommen hast. Nur eines ist wichtig: Die Wirbelsäule muß so gerade wie möglich sein. Um dann auf den Weg der geistigen Stille zu kommen, müssen wir nach unserer monastischen Tradition lernen, ein Wort oder einen kurzen Satz still und in der Tiefe unseres Geistes herzusagen. Die Kunst des Meditierens liegt einfach darin zu lernen, das Wort wieder und wieder zu sagen – das Wort, das ich empfohlen habe, ist das aramäische Wort *Maranatha*. Bewegt dabei eure Lippen nicht, sagt es lautlos im Innern. Wichtig ist, das Wort von Anfang bis Ende der Meditationszeit herzusagen. Meditieren heißt, all eure Gedanken, Ideen und Vorstellungen loszulassen und in den Tiefen eures eigenen Seins zu ruhen. Daran sollt ihr euch immer erinnern. Denkt nicht, gebraucht keine anderen Worte als euer Mantra, habt keinerlei Vorstellungen. Laßt nur euer Wort klingen, sagt es in den Tiefen eures Geistes und lauscht ihm nach. Darauf konzentriert euch mit aller Aufmerksamkeit.

Warum ist dies so wirksam? Im wesentlichen, weil es uns den Raum schafft, den unser Geist zum Atmen braucht. Es gibt jedem den Raum, den er braucht, er selbst zu sein. Wenn du meditierst, brauchst du dich nicht zu entschuldigen, brauchst du dich nicht zu rechtfertigen. Du mußt nur du selbst *sein* und aus Gottes Hand das Geschenk deines eigenen Seins annehmen, und in dieser Annahme deiner selbst und deines Erschaffenseins kommst du in Harmonie mit dem Schöpfer, mit *dem* Geist. In der Meditation kommt unser Geist in völlige Harmonie mit dem Geist Gottes. Wenn du meditieren lernen und ein Leben aus der Tiefe deines Seins führen willst, dann mußt du es in deinen Alltag einbauen und Raum dafür in deinem Leben schaffen, jeden Morgen, jeden Abend. Die Mindestzeit ist 20 Minuten, besser etwa 30 Minuten. Wenn du diese Disziplin einmal gelernt hast, wirst du anfangen, dein Leben in Harmonie zu leben, in Harmonie mit dir selbst, weil alles in deinem Leben mit Gott in Harmonie kommt und in Harmonie mit aller Schöpfung. Dann wirst du deinen Platz gefunden haben, deinen Platz in der Schöpfung. Das Erstaunliche an der christlichen Offenbarung ist, daß dein Platz nichts Geringeres ist als dein Verwurzelt- und Begründetsein in Gott.

Auf unserem Pilgerweg der Meditation hören wir auf Paulus mit neuen Ohren:

Wir aber schulden Gott allezeit Dank für euch, vom Herrn geliebte Brüder, weil Gott euch von Anfang an zur Rettung erkoren hat durch die heiligende Kraft des Geistes und durch den Glauben an die Wahrheit. Hierzu hat er euch ja durch unser Evangelium berufen, der Herrlichkeit unseres Herrn Jesus Christus teilhaftig zu werden.

(2. Thess. 2:13–14)

Darum geht es auf dem Pfad der Meditation: zur vollen Harmonie zu gelangen, zur vollen Vereinigung mit dem Geist Christi, der in unseren Herzen wohnt.

Die eine Mitte

Es ist immer wichtig zu versuchen, sich eine allgemeine Vorstellung davon zu machen, worum es in der Meditation geht. Für diejenigen, die schon eine Zeitlang meditiert haben, wird das eine kleine Wiederholung sein. Für die anderen, die dabei sind anzufangen, kann es als Einführung gelten.

Im Grund ist Meditation ein Weg, zur eigenen Mitte zu finden, zum Grund des eigenen Wesens, und dort zu verweilen, in Stille, Ruhe und Aufmerksamkeit. Meditation ist im wesentlichen ein Weg, auf dem man lernt, wach zu werden, ganz lebendig und doch still zu sein. Die Stille der Meditation führt euch in diesen Zustand der Wachheit und zu dem Gefühl, völlig lebendig zu sein. Dieses Gefühl kommt in euch auf, weil ihr in Harmonie mit euch selbst seid und, zunehmend, in Harmonie mit der ganzen Schöpfung. Die Erfahrung der Meditation versetzt euch in Resonanz mit allem Leben. Aber der Weg zu dieser Resonanz, zu dieser Wahrheit, ist ein Weg des Schweigens und der Stille.

Das ist eine ziemliche Herausforderung für Menschen unserer Zeit, weil die meisten von uns sehr wenig Erfahrung mit der Stille haben, und Stille kann schrecklich bedrohlich sein für Menschen in unserer Transistor-Kultur. Man muß sich an die Stille gewöhnen. Deswegen muß man in der Meditation lernen, das Wort innerlich, im Herzen zu sagen. Durch das stetig wiederholte Wort wird man auf die Stille zubewegt. Laßt also ab von allen Arten materialistischer Gedanken darüber, wie lange das dauern wird. Es kann 20 Jahre dauern. Aber das macht überhaupt nichts. Es kann genausogut 20 Minuten dauern. Das macht auch nichts. Das einzig Wichtige, wenn du den Kontakt mit deiner Mitte wiederherstellen willst, ist, daß du auf dem Weg bist. Das Wundervolle, das wir entdecken, wenn wir uns auf den Weg gemacht haben, ist: es gibt nur eine Mitte, und diese Mitte ist überall. Die Meditation ist der Weg, mit unserer eigenen Mitte verbunden zu werden. Dann sind wir verwurzelt in uns selbst und finden unseren Platz im Universum, und so finden wir die Mitte des Universums. Wir finden Gott.

Der wirklich geistige Mensch ist so in sich verwurzelt, daß er mit jedem in Harmonie sein kann. Die ganze Absicht der geistigen Reise ist, in tiefe Harmonie mit sich selbst zu gelangen, in Harmonie mit dem Nachbarn, dem All, mit Gott. Ich möchte euch wieder daran erinnern: der Weg dorthin, der Meditationsweg, ist ein Weg äußerster Einfachheit. Ihr müßt lernen, euer Wort zu sagen, *Maranatha*. Es ist schwer, weil es nicht die herkömmliche Weisheit ist. Die meisten Menschen in unserer Gesellschaft meinen, Weisheit bedeute Zunahme an Komplexität, und je tiefergründiger und verfeinerter die Ideen sind, die man prüfen und meistern kann, desto weiser würde man werden. Wenn ihr einem sagt, »ich setze mich jeden Morgen und jeden Abend hin, und ich lerne, dies Wort zu sagen«, dann werden viele Menschen entgegnen: »Hm, du mußt verrückt sein. Das Leben ist bestimmt zu wertvoll und die Zeit zu kostbar, um sie daran zu verschwenden, eine halbe Stunde morgens und eine halbe Stunde abends nur so ein Wort zu sagen. Hast du den Verstand nicht für etwas Wertvolleres bekommen, etwas Besseres als das?«

Es braucht also viel Mut für uns Männer und Frauen des 20. Jahrhunderts, sich tatsächlich hinzusetzen und jeden Morgen und jeden Abend zu meditieren. Aber das ist es, was nötig ist. Wenn man meditieren lernen will, muß man versuchen, diese Zeit morgens und abends zu finden. Man muß Disziplin lernen und vorbereitet sein auf eine wirkliche Disziplin. Es ist eine Disziplin, die dich zu großer Festigkeit, großer Einheit und großer Harmonie führt. Es ist die Disziplin des Wort-Sagens.

Ein Freund von mir hat mir neulich eine Karikatur aus dem »New Yorker« geschickt. Zwei buddhistische Mönche saßen da in Meditationshaltung und der eine sagte flüsternd zum anderen, neben ihm Sitzenden: »Was glaubst du, was als nächstes passieren wird? Das ist es.« So betrachten viele Menschen unserer Gesellschaft die Meditation. Eine andere Karikatur bekam ich neulich zugeschickt, darauf war ein langhaariger Jugendlicher in Meditationshaltung abgebildet, und sein Vater, offensichtlich jemand in irgendeiner leitenden Stellung, meinte zu seinen Freunden: »Es ist absolut wunderbar, wissen Sie. Bevor er die Meditation angefangen hat, saß er den ganzen Tag immer nur herum, ohne etwas zu tun.« Das kann euch, wenn ihr die Art des Humors vom »New Yorker« bedenkt, eine Vorstellung davon geben, wie Menschen in unserer Gesellschaft die Meditation betrachten.

Ich denke, auch wir sollten mit einem gewissen Humor an sie herangehen und nicht zu feierlich darüber werden. Trotz allem, es steht fest, was verlangt wird. Wenn du meditieren lernen willst, mußt du lernen, still zu sitzen und dein Wort von Anfang bis Ende zu sagen. Wenn du das einhalten kannst, wirst Du finden, daß nach einer Weile, in der du das Wort gesagt hast, eine gewisse Friedlichkeit und Entspannung in dir aufsteigen, und dann wirst du versucht sein, dir selbst zu sagen: »Das ist ganz gut so. Ich möchte das jetzt erfahren und wissen, was ich fühle, wenn ich aufhöre, das Wort zu sagen, ich will nur in der Erfahrung sein.« Das ist der schnellste Weg zum Unheil. Du meditierst nicht, um Erfahrungen zu sammeln. Du meditierst, um in die Erfahrung einzugehen. In der Meditation kommt man zum Bewußtsein und geht über selbstreflektierendes Bewußtsein hinaus. In der Meditation lernt man, über sich selbst hinauszuschauen. Sie ist ein Ausbrechen aus dem geschlossenen System der Selbstbefangenheit, diesem Gefängnis des Ego, und das erreichen wir in der Disziplin des Wort-Sagens. Wenn du das Wort sagst, dann denkst du nicht deine eigenen Gedanken. Du analysierst nicht, was dir geschieht. Du läßt gehen. Meditation ist aus christlicher Sicht einfach ein Losgehen auf die Unendlichkeit Gottes zu durch den Geist, der in unserem Herzen wohnt. Es ist ein Loslassen, ein Sich-in-die-Tiefe-Stürzen. Und Menschen zu allen Zeiten haben gefunden, daß man glauben muß, voller Vertrauen sein muß, wenn man sein Selbst hinter sich lassen will.

Also: kompliziert eure Meditation nicht. Nach meiner schlichten Meinung ist es umso besser, je weniger ihr über Meditation lest. Je weniger ihr über Meditation sprecht, desto besser. Das Wahre ist, zu meditieren. Denkt an die einfache Regel: Findet einen ruhigen Platz in eurem Haus oder wo ihr zu der Zeit seid. Setzt euch hin, sitzt gerade. Wenn ihr anfangt, kümmert euch nicht um allzu viele technische Probleme. Es ist nicht nötig, im Lotussitz zu sitzen. Es kann sehr hilfreich sein, wenn man dazu fähig ist. Vielleicht lohnt es sich, ihn zu erlernen. Aber aufrecht sitzen muß man. Die Hauptregel ist, das Rückgrat so aufrecht wie möglich zu halten. Das Atmen – die einfache Regel ist atmen. Halte dich nicht dabei auf, ob du ein- oder ausatmen sollst. Tue beides. Dann, die wichtigste Regel von allem: Sag dein Mantra, sag dein Wort. Denn das ist die Kunst beim Meditieren, daß man das Wort sagt von Anfang bis Ende.

Reine Freude der Wahrheit

Thomas von Aquin sagt, daß »Kontemplation im einfältigen Genuß der Wahrheit besteht«. Einfältiger Genuß, einfältige Freude. Nun, es ist wahr, daß Denken, Analysieren, Vergleichen und Gegenüberstellen alle ihren Platz in den verschiedenen Disziplinen, einschließlich der Theologie, haben. Aber Kontemplation, wie Thomas es nennt, oder Meditation, wie wir es nennen würden, ist keine Zeit der Aktivität, der Aktivität des Denkens, Analysierens, Vergleichens, Gegenüberstellens. Meditation ist die Zeit des Seins. Einfältige Freude. Und die Einfältigkeit, von der Thomas spricht, ist Einssein, Vereinigung.

Für uns Männer und Frauen des 20. Jahrhunderts, die wir in einer Zeit leben, die die aktive Seite des Lebens überbetont, ist das eine Herausforderung, und es hat den Anschein, daß, wenn wir mit unseren Problemen zurechtkommen wollen, wir etwas dafür *tun* müssen.

Gestern kam ich mit einem Mann ins Gespräch, der hatte jemand in einem Hotel getroffen und sich mit ihm über die Probleme des Lebens unterhalten. Und dieser andere sagte: »Du könntest diese Fragen alle auf einen Schlag lösen, wenn du an einem Kurs teilnehmen würdest, zu dem ich jetzt gerade fahren will.« Mein Freund fragte den anderen: »Wie lange wird er dauern?« Nach leichtem Zögern bekam er die Antwort: »Ungefähr 10 Tage.« Jener beschrieb dann den Kurs, die verschiedenen Techniken, die nötig seien, um die persönliche Erfüllung anzukurbeln usw.

Unsere Gesellschaft hat viele derartige Einrichtungen: wie man Freunde gewinnt, wie man Menschen beeinflußt. In all diesen Kursen gibt es viele Übungen, Verfahren, Fragebogen, die ausgefüllt werden müssen, Lebensläufe, die ausgearbeitet werden müssen usw. Viele von ihnen bestehen sogar in der Technik, die Teilnehmer zu erschöpfen, man gibt ihnen wenig zu essen, kündigt Essenspausen an, die dann nicht eingehalten werden (tatsächlich ging der Kurs, der meinem Freund beschrieben wurde, bis 4 Uhr in der Früh).

Alle diese Kurse (und sie sind häufig in unserer Gesellschaft) haben ein volles Programm, es wird viel in sie hineingepackt, und sie verlangen intensive Aktivität. Zweifellos haben einige von ihnen ihre Berechtigung. Aber es gibt eine alte islamische Erzählung, die man sich anhören sollte, bevor man an einem solchen Kurs teilnimmt. Die Geschichte berichtet von einem Mann, der nachts in der Stadt seinen Schlüssel suchte, der ihm hinuntergefallen war. Er suchte unter einer Straßenlaterne nach dem Schlüssel. Einer, der vorbeikam, fragte ihn, »Was suchst du?« – »Meinen Schlüssel«, sagte der Suchende, »er ist mir hinuntergefallen.« Da fing auch der Vorübergehende an, überall zu suchen. Aber da war keine Spur von dem Schlüssel, und der Vorübergehende fragte: »Wo hast du ihn verloren?« – »Oh, da unten auf der Straße, ungefähr 50 Meter von hier«, bekam er zur Antwort. »Ja, aber warum suchst du dann hier?« lautete die neue Frage. »Ja, hier ist doch mehr Licht«, war die Antwort.

Ich glaube, wir sind dem Mann sehr ähnlich, der seinen Schlüssel dort suchte, wo mehr Licht war. Ich nehme an, jeder in unserer Gesellschaft sucht bis zu einem gewissen Grad den Schlüssel zum Geheimnis des Lebens in allen möglichen Techniken und Verfahren. Kein Zweifel, sie haben alle eine gewisse Gültigkeit. Aber die Suche, von der wir sprechen, ist jenseits aller Aktivität. Es geht nicht darum, mehr Wissen anzuhäufen, sondern darum, loszulassen, leer zu werden. In der Tat ist es strenggenommen gar keine Suche. Wir suchen nicht nach Gott, gleichsam als wäre er verloren. Wir wissen, er ist da, er ist jetzt. Wir wissen, daß er gegenwärtig ist in diesem Raum, in dieser Zeit, und der Weg der Meditation, dem wir folgen, ist einfach: offen zu sein für das, was ist, für die *Seins*haftigkeit, die *Ist*heit Gottes und für die *Seins*haftigkeit unserer eigenen Natur. Diese Offenheit verlangt von uns, daß wir wach werden für das *Jetzt,* das Hier, und daß wir aufmerksam sind im Innersten unseres Wesens. Das ist die Herausforderung der christlichen Meditation. Irgendwie müssen wir die Straßenbeleuchtung, die uns in unserer Gesellschaft vertraut ist, verlassen, und wir müssen weitergehen, dorthin, wo das

Licht nicht so hell ist. Wir müssen in die Dunkelheit. Lernen, das Mantra zu sagen, ist genau die Verpflichtung, das Licht in uns selbst zu finden.

Thomas spricht von der einfältigen Freude der Wahrheit. Das Mantra ist der Schlüssel zu dieser Einfältigkeit. Das Mantra ist tatsächlich ein Prinzip, ein Grundbestandteil der reinen Einfältigkeit. Es ist das endgültige Hinter-sich-Lassen aller Kompliziertheit. Nur ein Wort. Kindlicher Glaube, das eine Wort zu sagen. Die Wahrheit, von der Thomas spricht, ist die einzige Wahrheit, die es gibt. Die Wahrheit, die auch der Weg ist, die Wahrheit, die auch das Leben ist.

Meditation ist gleichermaßen einfältige Freude am Weg, einfältige Freude am Leben. Wenn wir meditieren, werden wir gleichsam zu unserem wesentlichen Sein zurückgeführt. In dieser Rückführung werden wir klein genug, um durch das Nadelöhr hindurchzugehen. Meditation lehrt uns Demut, und indem wir so klein werden, so reduziert werden, gehen wir ein in das Leben, in das unbegrenzte Leben. Vergleicht das mit der Unterweisung aus dem Johannes-Evangelium:

> Jedoch die Stunde kommt, und sie ist jetzt da, in der die wahren Anbeter den Vater im Geist und in der Wahrheit anbeten werden. Der Vater sucht solche Anbeter, denn Gott ist Geist, und die ihn anbeten, müssen ihn im Geist und der Wahrheit anbeten. (Joh. 4:23–24)

Meditation ist der Weg, in vollen Kontakt mit deinem eigenen Geist und der Wahrheit zu kommen. Erinnert euch an den Weg. Sagt das Mantra von Anfang bis Ende. Meditiert jeden Morgen und Abend, voll Glauben, Einfalt und Demut. Kontemplation besteht in der einfältigen Freude an der Wahrheit.

Das Licht Christi

Die folgenden Worte stehen im Johannes-Evangelium:

Wenn ihr euch an mein Wort haltet, dann seid ihr meine echten Jünger. Ihr werdet die Wahrheit erkennen, und die Wahrheit wird euch frei machen. (Joh. 8:31–32)

Meditation kann man als Weg der Wahrheit beschreiben. Das griechische Wort für Wahrheit, *aletheia,* kommt von »a-lethes«. Das ist etwas, was nicht verborgen ist. *Aletheia* läßt also daran denken, daß die Wahrheit eine Enthüllung, eine Offenbarung für uns ist. Es ist eine Offenbarung der wesentlichen Struktur der Dinge. Ich möchte gern ein bißchen über die Meditation als *Weg* der Offenbarung sprechen.

Ihr wißt, wir fangen zu meditieren an mit all der Verwirrung um uns herum. Wir wissen noch nicht einmal recht, warum wir meditieren. Ich glaube, viele von uns fangen sehr zögernd an zu meditieren. Wir hören davon und beginnen in einer etwas halbherzigen Art damit. Aber nach und nach kommt ein Lichtblick. Wir vermuten, daß etwas an der Sache sein könnte. Dunkelheit umgibt uns noch von allen Seiten, aber da ist irgendwo auch ein ganz schwacher Lichtschimmer. Wenn das passiert, dann ist der nächste Schritt, ernsthafter zu meditieren, nicht mehr halbherzig, sondern mit ganzem Herzen. Das bedeutet, man muß sich für diesen Weg der Offenbarung die Zeit nehmen, jeden Morgen und jeden Abend. Das ist das erste, was zu tun ist. Der zweite Schritt ist, damit zu beginnen, sich zu verpflichten (und das braucht Zeit, weil man geduldig sein muß), das Mantra für die ganze Zeit der Meditation zu sagen. Laßt euch nicht entmutigen, wenn ihr am Anfang langsam seid. Manche brauchen 4 bis 5 Jahre, um diese Stufe zu erreichen. Aber ihr werdet erfahren, daß eure eigene Beharrlichkeit, das Mantra zu sprechen, sehr behutsam und stufenweise die Dunkelheit vertreibt.

Stellt euch für einen Augenblick eine große, leere, dunkle Halle vor. Jedesmal, wenn ihr euer Mantra sagt, dann ist das so, als ob ihr eine kleine schwache Kerze anzündet. Dabei erscheint es uns oft so, als ob die brennende Kerze ausgeblasen würde, wenn wir eine neue anzünden. Aber ganz allmählich kommt die Dämmerung, und ihr fangt an wahrzunehmen, daß die ganze Halle mit Licht durchflutet ist. Diese Offenbarung, daß das Licht die Dunkelheit erobert hat, und daß Jesus das Licht ist, wird in eurer Erfahrung allumfassend. Das ist das Wunder der Meditation. Alles und jedes ist nun durchflutet und erleuchtet von diesem Licht.

Das ist sehr verschieden von der heidnischen Vorstellung. Ihr kennt vielleicht die Geschichte von *Beowulf*. Die Festgesellschaft ist in der Halle versammelt; plötzlich fliegt ein Vogel durch ein Fenster herein, flattert kurz durch die Halle und verschwindet wieder nach draußen in die Dunkelheit. Die Festgesellschaft sieht dem Vogel nach, der zum einen Fenster herein und zum anderen wieder herausfliegt, und sie sagen: »So ist das Leben. Man kommt aus der Dunkelheit, erlebt eine kurze Zeit die Lustbarkeit der Welt und kehrt wieder zurück in die Dunkelheit.« In der Schau Christi ist das Verständnis der menschlichen Stellung vollkommen anders. Für uns ist die Festhalle das Herz, und dort herrscht Dunkelheit, wenn wir anfangen. Aber durch die Disziplin der täglichen Übung, die unsere Bindung an das Licht bedeutet, können wir trotz unserer Schwachheit und trotz unseres halbherzigen Beginns und falschen Anfangs in unseren Herzen das Licht finden, das auch außerhalb unserer Herzen ist. Die Verkündigung Jesu im Evangelium ist wunderbar: Jeder und jedes wird von innen und außen erleuchtet durch ein allumfassendes Aufdämmern der Gnade. Darum geht es bei der Macht des Kreuzes. Darum handelt es sich bei der Macht der Auferstehung Christi. Das allumfassende Aufdämmern hat begonnen, und wir sind hingegeben an diese Erleuchtung, diese Wahrheit und Offenbarung. Wir haben das Gleichnis vom Licht benutzt. Was bedeutet das Licht für uns, die wir die Offenbarung Christi annehmen?

Das Licht ist nichts Geringeres als das Bewußtsein von Jesus selbst. Ich glaube nicht, es sei falsch zu sagen, daß wir nach etwas Unrichtigem suchen, wenn wir ihn suchen, weil wir so oft als Christen Ausschau halten nach einem Objekt unseres Erkennens, das verschieden von uns ist. Die Wahrheit hingegen ist, daß wir Christus schon gefunden haben. Wir haben ihn gefunden, wenn wir uns darüber im klaren sind – d. h. wenn wir vollkommen erkannt haben –, was er für uns erreicht hat, nämlich daß wir mit seinen Augen sehen. Wir sehen mit seinem Bewußtsein. Wir verstehen mit seinem Verständnis, weil er uns aufgerufen hat, mit ihm vereinigt zu sein, eins mit ihm zu sein. Es ist nicht richtig zu sagen, er sei gerade in uns oder gerade außerhalb von uns. Er ist beides, in uns und außerhalb. Jesu Erleuchtung erleuchtet uns und die ganze Schöpfung. Daß solch ein unfaßliches Geheimnis nicht jenseits unserer Erfahrungsmöglichkeiten liegt, das ist die Herausforderung an uns und die Herausforderung an unseren Glauben. Es ist nicht zu schwierig für uns, aber wir können es nur ganz nah und mächtig erfahren, wenn wir uns selbst vergessen. Wir müssen in unserer Meditation lernen, daß der Verlust des Ichbewußtseins uns befähigt, zu vollem Bewußtsein zu kommen, zum Bewußtsein mit ihm und in ihm, mit seiner eigenen Selbsterkenntnis.

Wie verlieren wir unser Ichbewußtsein, unsere Befangenheit im Ego? Es ist sehr einfach und es ist leicht auszuführen. Wir müssen einfach das Nachdenken über uns selbst beenden. Deswegen müssen wir lernen, das Mantra zu sagen. Wenn wir lernen, es mit unserer ganzen Aufmerksamkeit zu sagen, mit ungeteiltem Herzen, dann sind wir auf dem Weg dorthin, wohin Jesus uns einlädt, eins zu sein mit ihm, wie er eins ist mit dem Vater. Im Wissen davon wollen wir hören, was bei Johannes steht:

Der mich gesandt hat, ist immer mit mir; er hat mich nicht allein gelassen, weil ich allzeit tue, was ihm wohlgefällig ist . . . wenn ihr euch an mein Wort haltet, dann seid ihr meine echten Jünger. Ihr werdet die Wahrheit erkennen, und die Wahrheit wird euch frei machen . . . wenn der Sohn euch frei macht, so seid ihr in Tat und Wahrheit frei.

(Joh. 8:29, 31–32, 36)

Der innere Christus

Wer sollte euch Böses tun, wenn ihr für das Gute Eifer zeigt? Doch selig, wenn ihr der Gerechtigkeit zuliebe leiden müßt. Fürchtet ihre Drohungen nicht, und laßt euch nicht einschüchtern. Haltet vielmehr in euren Herzen den Herrn Christus heilig. (1. Petr. 3:13–15)

»Haltet den Herrn Christus heilig in euren Herzen.« Die Welt, in der wir leben, ist vergänglich. Wir wissen, daß Reiche entstehen. Sie erleben große Perioden voller Machtfülle; dann zerfallen sie. Und die Geschichte lehrt uns, wenn sie zerfallen, dann zerfallen sie sehr schnell. In dieser Situation ist es weise, wenn man erkennen kann, was von Dauer ist, wenn man versteht, was Bestand hat und was wirklich wichtig ist. Die frühchristliche Gemeinde hat sehr klar erkannt, daß jeder ein ewiges Prinzip in sich trägt, jetzt, in diesem Moment und in diesem Leben, daß etwas in unseren Herzen ist, das in alle Ewigkeit fortbesteht – der Herr Christus. »Und so halten wir den Herrn Christus heilig in unseren Herzen.«

Wenn wir unser Leben ordentlich leben, brauchen wir nicht betrübt zu sein, wenn wir erkennen, daß die Welt vergänglich ist, daß Zivilisationen vergehen. Wir müssen auch nicht beunruhigt sein, wenn die Welt oft ziemlich chaotisch ist. Wir wissen, es gibt viel Verwirrung; so viele Menschen sind verwirrt. Und wir wissen, daß wir ab und zu auch in unserem eigenen Leben Durcheinander und Verwirrung erleben. Aber jeder Mensch ist aufgerufen, in dieser wirklichen Welt, d. h. in einer vergänglichen und verwirrten Welt, den wahren Frieden, die angemessene Ordnung und die Harmonie zu finden, die einen Sinn ergibt unter all den Stimmen, die um unsere Aufmerksamkeit werben. Auch hier haben die frühen Christengemeinden klar erkannt, daß Christus der Weg zu Ordnung, Harmonie und Frieden ist. Sie wußten aus eigener Erfahrung, er ist der Weg, weil er uns in die tönende Harmonie der Dreieinigkeit selbst führt, in die Ordnung, die höchste Ordnung, die in der großen Liebe des Vaters, des Sohnes und des Heiligen Geistes begründet ist.

Der Meditationsweg ist kein Weg der Flucht. Vor allem ist er kein Weg der Illusion, der Einbildung. Wir versuchen nicht, der tatsächlichen Welt mit ihren schmutzigen Zielen und wirren Anfängen zu entfliehen, und wir versuchen nicht, eine alternative, illusorische, eigene Wirklichkeit zu konstruieren. Jesus verspricht uns: Wenn wir ihn ehrfürchtig im Herzen halten, wenn wir an ihn glauben und an den, der ihn gesandt hat, seinen Vater und unseren Vater, dann kann alles Chaos und alle Verwirrung dieser Welt keine letztendliche Macht über uns haben. Die Spannungen, Anstrengungen und Herausforderungen bleiben dieselben, aber sie haben keine Macht, uns zu besiegen, wenn wir unser Leben auf den Felsen gegründet haben, der Christus ist. Das ist die wirkliche Aufgabe, die wirkliche Herausforderung, der jeder begegnen muß, wenn er in die Wirklichkeit Christi eingehen will. Christus ist der Felsen, auf dem wir unser Leben aufbauen können mit der absoluten Sicherheit, daß er uns lieben wird mit all unseren Fehlern, über alle Unbeständigkeiten des Herzens und des Geistes hinaus, während eines jeden Augenblicks in unserem Leben bis zur letzten Stunde, denn er ist die höchste Liebe.

Deswegen lehrt uns Petrus, wie wichtig es ist, Christus heilig und ehrfürchtig im Herzen zu halten. Wenn wir in ihm verwurzelt sind, in der Wirklichkeit selbst, und in ihm begründet, dann hat sonst nichts letztliche Macht über uns, selbst der Tod nicht. Wir sind aufgerufen, den Weg zu unserem Herzen, und damit zu ihm, zu finden, aufdaß wir ihn dort heilig halten können. Meditation ist ein Weg, auf dem man lernt, allen Illusionen und jeder Unwirklichkeit zu sterben, und damit wird sie der Weg, mit Christus aufzuerstehen, über uns selbst und unsere Begrenzungen zu ewigem Leben aufzusteigen. Sie bedeutet, dies jetzt zu tun, heute, und das ewige Leben nicht auf die Zeit aufzuschieben, wenn wir vielleicht in den Himmel kommen. Das himmlische Königreich ist jetzt unter uns, und wir müssen jetzt dafür offen sein, weil wir, wie Petrus sagt, lebendig im Geist sein müssen und weil wir ganz lebendig werden müssen durch das Leben Gottes. Als Christen dürfen wir uns nie mit Geringerem begnügen. Unser christliches Leben ist nicht nur eine Frage danach, wie man den Weg findet und wie man durchs Leben kommt. Jedes Wort des Neuen Testaments legt uns nahe, daß es wichtig ist, unser Leben in einem Prozeß ständiger Ausdehnung zu leben, einer Ausdehnung des Herzens und des Geistes, zunehmend in Liebe und immer fester verwurzelt in Gott. Wir alle müssen unsere eigenen Kraftmöglichkeiten erkennen, erkennen, daß wir ein Weltall *sind,* das sich ausdehnt, und daß somit jeder die Anlage zu einer Energieausdehnung besitzt, die unendlich ist.

Petrus sagt uns im gleichen Brief, »daß wir in einem geordneten Leben leben sollen, das auf das Gebet begründet ist«, und er lehrt uns weiter, daß »ein jeder den anderen mit aller Kraft lieben soll«. Das ist der Weg der Meditation: diese Lebensquelle anzuzapfen, diese Energie- und Kraftquelle, damit wir unser Leben in der Fülle leben können. Und das tun wir, wenn wir den Herrn Christus in unserem Herzen verehren.

Hört noch einmal auf Petrus:

> Wer sollte euch Böses tun, wenn ihr für das Gute Eifer zeigt? Doch selig, wenn ihr der Gerechtigkeit zuliebe leiden müßt. Fürchtet ihre Drohungen nicht und laßt euch nicht einschüchtern. Haltet vielmehr in euren Herzen den Herrn Christus heilig . . . Deswegen wurde auch den Toten das Evangelium verkündet, daß, wenn sie auch nach Menschenschicksal dem Leibe nach gerichtet sind, sie doch der Seele nach leben, wie Gott es will . . . So seid besonnen und seid nüchtern, damit ihr beten könnt. Vor allem aber heget eine starke Liebe zueinander; die Liebe bedeckt ja eine Menge Sünden.   (1. Petr. 3:13–15, 4:6, 7–8)

Frei für die Wahrheit

Das folgende sind Worte Jesu, die Johannes im Evangelium aufgezeichnet hat.

> Wenn ihr euch an mein Wort haltet, dann seid ihr meine echten Jünger. Ihr werdet die Wahrheit erkennen, und die Wahrheit wird euch frei machen. (Joh. 8:31–32)

Wir alle fühlen in uns die Grundnotwendigkeit, uns mit der Wahrheit auseinanderzusetzen. Es ist uns ein Bedürfnis, etwas zu finden, ein Prinzip in unserem Leben, das absolut zuverlässig und würdig unseres Vertrauens ist. Wir fühlen alle diesen Antrieb, auf die eine oder andere Weise in Kontakt mit dieser felsengleichen Wirklichkeit zu kommen. Im Alten Testament war Wahrheit ein Attribut Gottes, und sie wurde als Gottes Vertrauenswürdigkeit empfunden. Zu ihm konnte man volles Vertrauen haben, weil er wahr und getreu ist; wie das Alte Testament es ausdrückte, »Jahwe wird nicht von seinem Wort abweichen«.

Darum geht es auf dem Meditationspfad. Wenn wir uns auf diesen Weg machen, dann machen wir uns auf einen Weg der Wahrheit. »Sein Wort ist wahr.« Natürlich kann keiner ganz zufrieden sein mit anderer Leute Erfahrung der Wahrheit. Es müssen alle dahin kommen, die Wahrheit aus eigener Erfahrung kennenzulernen. Wenn ihr diesem Weg folgen wollt, müßt ihr euch festlegen, jeden Tag zu meditieren, jeden Morgen und jeden Abend. Der Weg ist einfach. Du mußt dich nur hinsetzen und dein Wort sagen, »*Maranatha*«. Ob wir allein meditieren oder in der Gruppe, jeder trägt die Verantwortung für sich, das Mantra von Anfang bis Ende zu sagen. Dieses Sagen des Wortes ist in sich selbst eine Erfahrung der Freiheit. Wir lassen alles los, alle unsere sogenannten dringlichen Angelegenheiten, alles, was uns heute beunruhigt, alles, was uns heute glücklich macht. Wir wenden uns von allem ab, was vorbeikommt, um offen zu sein für die absolute und letzte Wahrheit.

Die Weisheit lehrt uns, daß, wenn man zur Wahrheit gelangt, man die Gnade und liebende Güte Gottes erfährt. Und in christlicher Sicht ist es das Ziel der Meditation, unsere Herzen zu öffnen für diese Gegenwart Gottes. Die Leute fragen oft: »Warum soll ich meditieren? Warum meditierst du?« Ich glaube, ein Teil der Antwort ist, daß wir in der Meditation uns selbst als wahr und wirklich erfahren, nicht eine Rolle spielend, nicht die Erwartungen anderer Leute erfüllend, sondern ganz das seiend, was wir sind. Die Meditation ist wichtig für uns, weil wir lernen, wie wir ehrlich und treu gegenüber der Wirklichkeit unseres eigenen Seins werden. Wer wahr ist, ist ehrlich. Die Kraft der Meditation beruht darauf, daß wir in der Stille, zu welcher uns unser Wort führt, aus der Güte Gottes zu leben lernen, dann, wenn wir seiner Güte in unseren Herzen begegnen. Gott ist wahrhaftig, und jeder, der sein Einssein mit Gott entdeckt, ist zur Grundbeziehung des Lebens gekommen, und durch diese Beziehung werden alle anderen Beziehungen durch Gottes Güte und Wahrheit erfüllt. Jesus sagt: »Die Wahrheit wird euch frei machen.« Wir werden frei, wir selbst zu sein und lassen die anderen sie selbst sein. Wir werden frei, uns selbst, die anderen und Gott zu lieben. Aber diese Freiheit hängt von einer völligen Hingabe an die Wahrheit ab.

Die Leute fragen: »Wie lange Zeit braucht es?«, oder: »Ich habe jeden Morgen und jeden Abend während eines halben Jahres meditiert, und ich weiß nicht, ob sich schon irgend etwas geändert hat.« Die Antwort lautet: Es macht nichts aus, wie lang es dauert. Wichtig ist, daß wir getreulich auf dem Weg sind, unserem Pilgerweg, und daß mit jedem Tag – wenn vielleicht auch nur zentimeterweise – unsere Hingabe an Wahrheit und Freiheit wächst. Oft bemerkt man das Wachstum nicht, aber das macht nichts. Wesentlich ist, daß wir wachsen, daß wir keine halbe Sache machen und das Geschenk unseres eigenen Seins verraten, sondern daß wir voll Hingabe an unser Wachstum und unsere Reife sind.

Das Gegenteil von Wahrheit ist Falschheit oder Täuschung. Meditation dagegen ist eine aufrichtige und scharfsichtige

Hingabe an die Wahrheit. Sie ist eine Verpflichtung, sich von dem Versuch, unsere eigene Wirklichkeit aufzubauen, abzuwenden und sich dem Leben im Licht und durch das Licht Gottes zuzuwenden. Die tägliche Hingabe in der Meditation und ihre sanfte Gewalt gewöhnen unsere Augen daran zu sehen, was wirklich vor uns ist, und nicht zu versuchen, sich etwas vorzustellen und es dann als Wirklichkeit zu nehmen. Was ist wirklich? Was ist Wahrheit?

Gott ist wirklich, und Gottes Wirklichkeit ist die Wahrheit, die in Jesus geoffenbart ist. Der großartigste Teil der christlichen Verkündigung im Evangelium ist, daß Jesus in all seiner Wirklichkeit in unseren Herzen gefunden werden kann. In seinem Licht sehen wir Licht. Und in diesem Licht erkennen wir, daß wir frei sind. Wenn du also anfängst, mußt du im Glauben anfangen und im Glauben fortfahren, weil der einzige Weg, zu diesem Licht, der Wahrheit und der Freiheit zu kommen, durch den Glauben geht. Jedesmal, wenn du dich zum Meditieren hinsetzt, wird dein Glaube geprüft, und so wird dein Glaube gestärkt. Die Zeit der Meditation, wenn du dein Mantra sagst, erscheint dir oft als völlige Zeitverschwendung; aber bedenke nur, daß Christus in deinem Herzen wohnt. Er ist die Offenbarung Gottes. Nur in Gott und nur von Gott haben wir unsere Wirklichkeit. Das Mantra sagen bedeutet, sich abzuwenden von aller Illusion, allen Vorstellungen, von aller Falschheit und sich der letzten Wahrheit zuzuwenden. Erinnere dich ständig an den Weg. Sitze bequem, aufrecht und so still wie möglich. Meditation bedeutet vollkommene Stille, in Körper und Geist. Dann sag' dein Wort so getreulich, wie du kannst.

Es liegt eine große Kraft im gemeinsamen Meditieren. Deine Pilgerschaft wird sehr gefördert werden, wenn du eine Gruppe zum regelmäßigen, gemeinsamen Meditieren findest. Wir teilen den Glauben, der nötig ist für die innere Reise, und wir teilen die Gegenwart Gottes, der mitten unter uns ist in unseren Herzen. Diese Gemeinsamkeit findet in Schweigen und Stille statt. Nun überlegt noch einmal Jesu Worte:

Der mich gesandt hat, ist immer mit mir; er hat mich nicht allein gelassen ... Wenn ihr euch an mein Wort haltet,

125

dann seid ihr meine echten Jünger. Ihr werdet die Wahrheit erkennen, und die Wahrheit wird euch frei machen . . . Wenn der Sohn euch frei macht, so seid ihr in Tat und Wahrheit frei. (Joh. 8:29, 31–32, 36)

Das rechte Opfer

In einem frühen Lebensabschnitt, bevor ich Mönch wurde, habe ich im Spionageabwehrdienst gearbeitet, und eine meiner Aufgaben war, feindliche Radiosender auszumachen. Wir stellten also unsere Empfänger auf sie ein, aber der Feind war sehr geschickt. Wenn sie z. B. auf der Welle von 90 Meter ausstrahlen wollten, dann sandten sie auf 89 Meter eine Störung aus und auf 91 Meter eine andere. Um also ihre Sendung genau zu empfangen, mußten wir einen äußerst sensiblen Empfänger (Tuner) haben. Wir wollten gern genauso geschickt sein wie die feindliche Station, und als wir die Wellenlänge herausgefunden hatten, auf der sie ausstrahlten, nahmen wir Quarz-Kristalle und stöpselten den Kristall in unseren Empfänger. Er konnte dann ihr Signal auf der exakten Stelle empfangen, und keine der Störungen kam durch.

Ich mußte kürzlich daran denken, als mir in den Sinn kam, daß das Mantra sehr ähnlich wie ein Quarz-Kristall ist. Der Feind, dem wir uns alle gegenübersehen, unser Ego, sendet alle möglichen entgegengesetzten Signale neben der Wellenlänge für Gott aus. Was wir tun müssen, ist, die »Wellenlänge Gott« so genau wie möglich einzustellen. Ihr wißt alle, das Mantra hat nichts mit Magie zu tun. Es ist keine Zauberformel. Dein Wort zu sagen, bedeutet einen Lebensweg einzuschlagen, auf dem *alles* auf Gott eingestellt ist. Und so ist in gewissem Sinn alles in deinem Leben auf das Mantra eingestellt.

Das Wesentliche der christlichen Botschaft ist, daß Gott eine gegenwärtige Wirklichkeit ist, und das soll heißen, Gott ist eine Wirklichkeit, die für uns gegenwärtig ist. Wenn du bedenkst, daß »Gott gegenwärtig ist«, dann fängst du an zu verstehen, daß er in jedem Augenblick deines Lebens gegenwärtig ist. Dies geschieht durch die verschwenderische Großmut Christi. Diese Gegenwärtigkeit wird mitgeteilt durch Jesus. Wir sind aufgerufen, dieser seiner Gegenwart zu antworten und in ihr zu leben. Wenn wir auf seine Großmut reagieren, werden wir selbst ihm gegenwärtig. Das bedeutet, unsere Herzen sind jederzeit für ihn offen. Jesu Großmut verlangt von uns, daß wir diese Gegenwart selbstlos suchen, nicht damit wir weiser oder heiliger werden, nicht damit wir Gott besitzen, sondern einfach, weil es recht und geziemend ist, daß wir seiner großzügigen Selbsthingabe, seinem großzügigen Selbstopfer durch unsere eigene Hingabe und unser eigenes Opfer begegnen.

Daß sich jeder von uns der erlösenden Grundfrage gegenüber sieht, das ist die Herausforderung der Meditation. Die Grundfrage aber ist: »Suchen wir Gott oder suchen wir uns selbst?« Eine andere Möglichkeit, es auszudrücken, wäre: »Suchen wir unser Ziel in unseren eigenen beschränkten Grenzen, versuchen wir, uns nur im Rahmen unserer eigenen Fähigkeiten festzulegen, oder suchen wir unsere Bestimmung jenseits unserer selbst, in Gott?« Darum geht es in unserer Meditation: wir versuchen die Grenzen zu sprengen, die uns durch unseren eigenen Egoismus auferlegt sind. Fausts Tragödie z. B. liegt darin, daß er seine ewige Bestimmung darangab für den vergänglichen, begrenzten Ruhm bloßer weltlicher Erfüllung. Das Tragische an Faust ist, daß er wußte, was er getan hatte. Es ist das Wissen um diese Problematik, das auch in unserer Gesellschaft so viel Angst und Furcht erzeugt.

Wir sind aber aufgerufen, weder die Welt noch uns selbst abzulehnen. Was wir lernen sollen, ist zu opfern. Im Opfer bieten wir Gott etwas an, das nach jüdischem Gesetz das Ganze ist. Sie nannten es Brandopfer (Holocaust). Nichts wurde zurückbehalten. Alles wurde Gott gegeben. Dasselbe macht die Meditation mit unserem Leben. Das Mantra, die Meditation bringt uns dazu, uns selbst ganz zu verlieren, unser Selbst in seiner Gesamtheit Gott völlig zu opfern. Es hilft uns, ein Brandopfer zu werden, in dem alles, was wir sind, bedingungslos geopfert wird. Deswegen lassen wir nur das Mantra in uns klingen. Wenn die Zeit kommt, dann sind wir bereit, auch das hinzugeben, weil wir in der Meditation völlig zu seiner Verfügung stehen. Wir existieren nur in seiner Gegenwart, und in seiner Gegenwart sind wir durch seine Großzügigkeit. Das Wundervolle an der Meditation ist, daß in diesem Selbstopfer und Sich-Verlieren seine Gegenwart unsere Gegenwart wird, und seine Großmut unsere Großmut. Wenn wir in der Meditation fortfahren, wird die Selbstaufgabe immer vollständiger, das Opfer immer vollkommener, und die Großmut nimmt beständig zu. Deswegen habe ich euch gegenüber so oft betont, wie wichtig es ist, das Mantra von Anfang bis Ende der Meditationszeit zu sagen. Kein Gedanke, keine Worte, keine Vorstellungen, keine Ideen. Erinnert euch an das Brandopfer. Und das ist vielleicht das Größte, was wir als bewußt lebende menschliche Wesen tun können – unser Bewußtsein Gott darzubringen. Indem wir es hingeben, kommen wir zu vollem Bewußtsein.

Das ist die Erfahrung von Paulus, wenn er über die Nähe Gottes spricht.

Der Friede Gottes, der jedes Begreifen übersteigt, wird eure Herzen und eure Gedanken in Christus Jesus behüten.
(Phil. 4:7)

Nach diesem Frieden sollen wir uneingeschränkt streben. Manche Menschen mögen vielleicht denken, daß es unklug ist, von der unbedingten Verpflichtung zu sprechen, zu der Jesus uns aufruft. Manche Leute mögen denken, daß sogar darüber zu hören nur etwas für Experten sei. Aber soweit ich es verstehe, geht die Aufforderung Jesu an jeden von uns, unser Kreuz auf uns zu nehmen, ihm auf den Kalvarienberg zu folgen, sich mit ihm im Opfer zu vereinen und mit ihm durch das Opfer hindurch in die unendliche Liebe des Vaters einzugehen.

Bücher zur Kontemplation und Meditation

Biblische Weisheiten
Spruchweisheit aus der Bibel
72 Seiten, DM 7.80

Jean Bouchet
Wenn du Gott suchst
Wege zum Vater
80 Seiten, Paperback,
DM 9.80, öS 68.–

Er ist wahrhaft auferstanden
Gebete der Ostkirche
Herausgegeben und eingeleitet
von J. Madey, 168 Seiten, Leinen,
DM 16.80, öS 117.–

Irénée Hausher
Leben aus dem Gebet
224 Seiten, Leinen,
DM 23.–, öS 161.–

Willigis Jäger
**Kontemplation –
Gottesbegegnung heute**
2. Aufl., 184 Seiten,
DM 25.–, öS 175.–

Willigis Jäger
Gebet des Schweigens
Eine Schule der Kontemplation
nach der
„Wolke des Nichtwissens"
100 Seiten, Paperback,
DM 17.80, öS 124.–

Kakichi Kadowaki
Zen und die Bibel
120 Seiten, Paperback,
DM 22.–, öS 154.–

Hugo Rahner und Karl Rahner
Gebete der Einkehr
3. Aufl., 96 Seiten,
DM 15.–, öS 105.–

Photina Rech
Inbild des Kosmos
Eine Symbolik der Schöpfung
2 Bände
mit 1220 Seiten, Leinen,
DM 63.–, öS 440.–

Vladimir Satura
**Meditation aus der Sicht
der Psychologie und
der christlichen Tradition**
100 Seiten,
DM 15.80, öS 108.–

Schule des Herzensgebetes
Die Weisheit
des Starez Theophan
Ca. 200 Seiten,
ca. DM 26.–, öS 182.–

Luitgard M. Tusch-Kleiner
Josef Rafael Kleiner
Einkehr zur Mitte
Orientierungshilfen
mit biblischen Lesungen
zum kontemplativen Beten
164 Seiten, Paperback,
DM 19.80, öS 138.–

OTTO MÜLLER VERLAG SALZBURG